「センスがいい人」だけが知っていること

一度知ったら、
一生の武器になる
「服選び」

Things only those with good taste know

ファッションプロデューサー
しぎはらひろ子

青春出版社

「あなたは今日、なぜその服を着ているのですか？」

「自分の魅力を引き立てる服の選び方を知っていますか？」

スタイリストや販売員を目指す人の
最初の授業で、私が聞く質問です。

これに答えられる人は、ほぼいません。
ファッションのプロになろうとする人ですら、
「服選び」は、「なんとなく」だったり、
単なる個人の感覚に頼っていたりするのです。

でも、それも当たり前。
なぜなら、毎日着る服のことなのに
誰もちゃんと教えてはくれないのですから。

・今の服が自分に似合っているか自信がない
・自分のセンスに自信がない
・診断を受けて選んだ服がしっくりこない
・テイストが混ざってしまい、どこかダサい
・昔は似合っていた服が似合わなくなってきた
・服はたくさん持っているのに、毎朝着る服に悩んでしまう
・スタイリングが難しい

私のところには、こんなファッション迷子さんたちがたくさんやってきますが、きっとあなたも同じですよね？

誰もが、
「おしゃれになりたい」し、
「センスよくなりたい」し、
「もう、迷いたくない」し、
「これが自分だ、という服を着たい」のだと思います。

大丈夫。私にお任せください。

本書では、大人のファッション迷子さんたちに、
読んで実践するだけで、服の悩みがすべて解決する！
そして誰もがセンスよくおしゃれになれる！
そんな魔法のような6回講座をお届けします。

実は、「おしゃれ」になるには基本があり、
順番があります。

センスのよさは決して持って生まれたものでも
個人の感覚でもなく、
誰もが今からでも、いつからでも
身につけられる。
そして、一度知ってしまえば、
一生使える最強の武器なのです。

CONTENTS

Day 2

好きな服を似合わせる 自分の「体型」を知る

Day 3

全体の印象を左右する「色」の使い方を学ぶ　113

Day 4

「なりたい自分」に近づく「ワードローブ」を作る　131

Day 5

小さい面積の大きな効果「メイク・ヘア・小物」で仕上げる 161

Day 6

服の買い方・手放し方

編集協力　植田裕子
本文イラスト　Ritsuko
本文デザイン　黒田志麻
　　　　　　　戸塚恵子
カバー写真：Retan/Shutterstock.com

はじめに――6日後、あなたはもう服に迷わなくなる

こんにちは。しぎはらひろ子です。

はじめましての人もいらっしゃるので、簡単に自己紹介をさせていただきますね。

私はデザイン教育の名門校を卒業した後、デザインと機能の研究開発職につきました。そして23歳でファッション業界に転職し、ファッションプロデューサーとして働きながら、SHIBUYA109の立ち上げ、日本ベストドレッサー賞選考委員や文化服装学院をはじめとする服飾専門学校の講師も務め、40年以上、ファッションの専門家として第一線を走りながら、たくさんのメッセージを発信し、ファッションの本質を伝えようとしてきたつもりです。

それでもまだ多くの人が、

「今日、着ていく服がない」

「なんだか、どの服も自分にしっくりこない」

と困っているのです。そして、トレンド情報やいろいろな診断結果に悩み、ファッション迷子のループから抜け出せないでいます。

そんなファッション迷子さんを救いたい！　その一心で本書の執筆を決めました。


私がよく受ける質問にこういうものがあります。

「この服、私に似合っていますか？」

このときの私の答えはいつも同じです。

「わかりません」

なぜ、ファッションのプロである私が、あなたにその服が似合っているかどうかわからないのか。

それは本書を読み終わった頃に、あなた自身で答えが出ているはずです。

そう、この本は「似合う服がわからない」を終わらせる本だからです。


私はこれまでに85000人以上のアパレル販売員、スタイリストなどを育ててきました。最初こそ一般の方と同じだった生徒たちが、「お客様が本当に着たい服、目的に合う服」を割り出して、ぴったりの服をご提案できるようになるのはファッションのしくみを段階的に学ぶからです。そこで私は、プロたちが学ぶ基礎知識を一般の人向けにまとめ直し、その効果を検証するために約100名の女性を招き、6日間の「ファッションスタイリングモニター講座」を開催しました。

「服とは何か」「なんのために着るものか」という基本から、体型や色の知識、ワードローブ作りのノウハウまで濃密な6日間。終わる頃には参加者全員が、私の想像をはるかに超えるほど素晴らしく変わりました。

「誰もが迷わず服選びできるって実感しました」

「センスって、生まれつきの才能ではなくて学ぶことで身につくんですね」

「これで自信をもって好きな服が着られます」

それはもう驚くほどたくさんのうれしい感想をいただきました。

どうぞあなたも、楽しみながら実践し、読み進めていただけるとうれしいです。6日後、ファッションの「知恵と力」で、理想の未来と「なりたい自分」に出会い、そこから始まるあなたの人生が素敵な毎日になりますように。

Prologue

誰も教えてくれない ファッションのしくみ

しくみを知れば、悩みはたちまち解決する

いつの時代もファッションに関する悩みがない方はいないと思います。

ファッションに関する普遍的な悩みといえば、

「自分に似合う服がわからない」

「年齢を重ねて何を着たらいいのかわからない」

「コーディネートの作り方がわからない」

さらにこの3つに加えて、

「骨格診断やパーソナルカラー診断などの診断を受けたら、何が似合うのかよけいにわからなくなったのですが……」

というお悩みも、ここ数年で急増しています。

この本のベースとなった「ファッションスタイリング講座」でも、参加してくださった約100名の皆さんに事前アンケートを行ったところ、お悩みのトップに挙がっ

たのはこれら4つの内容でした。

こうしたよくある悩みがずっと減らない原因は、「ファッションのしくみ」が世に広まっていないせいなのです。

ファッションのしくみ、それこそが本書で私が伝えたい「センス」であり、ファッションの本質です。


私たちは服によって面接や合コンなどで判断されたり、他人からの印象が決まってしまったり、自分の気分が上がったり下がったりもします。人は見た目がすべてではありませんが、服が与えてしまう影響の大きさを知らない人はいないでしょう。

そんな大切なものであり、毎日欠かさず着るものなのに、なぜか学校からも親からもきちんと教えてはもらえない……それが「服」でもあります。あなたが今まで悩んでいたのはいわゆるセンスのなさでもなんでもなくて、単にファッションのしくみを「知らなかった」だけ。ただ、それだけなのです。

だからこそ、本書ではファッションのしくみをお話ししたいと思います。そして知るとどういう効果があるのかを、改めて詳しくご説明しましょう。

私は普段、ファッションのしくみを次の6つの項目に分けてお教えしています。

①ファッションの成り立ち・目的・働き
②世界的な基準による「体型」の分類
③「色」の原理とベーシックカラーの役割
④服選びの基準となる「なりたい自分」の作り方
⑤ヘアメイクや小物の役割
⑥服の買い方・捨て方・揃え方

これらを理解すると、前に挙げたような悩みは自然に解決します。

「自分に似合う服はどうしたら見つけられる？」
→体型の分類と特徴を理解すれば、バランスもよく似合う形の服を見つけられます
「今まで着ていた服が似合わなくなったときはどうすればいい？」
→体型の変化と、今の「なりたい自分」像を見直すと新しい服を選べます

「素敵に見えるコーディネートはどうやって作るの？」

→色・ヘアメイク・小物の知識を使えば素敵なコーディネートを作れます

実際、私の講座を受け終わった方からも、

「自分の服選びの基準ができたので、着るものに迷わなくなりました」

「体型のバランスの取り方を学んだので、いろいろな診断を受けては悩むスパイラルから解放されました」

「なんとなく『こんな風になりたい』と思っていたイメージをまとめたら、いらない服がわかってクローゼットを整理できました」

など、うれしい報告が続々と届いています。

おしゃれもセンスも理論――すべての美は数式である

素敵になりたいと思ってこの本を手に取ってくださったあなたは、

「ファッションのしくみを知りましょう」

と言われて、正直なところ「面倒だな」「もっと手っ取り早い方法はないの？」と思われたのではないでしょうか？

私は学問としてデザインを学び、「すべての美は数式である」と伝えてきました。ダイヤモンドのカットも緻密に計算されて輝いていますし、アンモナイトの螺旋曲線は「黄金比」として知られています。傍《はた》から見ておしゃれに見える人のコーディネートは色相環の配色から外れていることはありません。

つまり、美しいものというのは理論に基づいている。だからこそ、学びさえすれば誰にでも手に入れられるものなのです。

突然ですが、あなたは自転車に乗れますか？　乗れるなら、それはなぜでしょう。

「自転車は、またがっただけでは動きません」

「ペダルを漕ぐと走り出します」

こんな風に、「漕ぐことで安定して走るというしくみ」を学んで練習することで、誰でも自転車に乗れるようになるわけです。乗り方を一度身につけたら、その後は一生自転車に乗って走れます。ファッションも、これとまったく同じです。

●自転車のしくみを理解して練習する
→**自転車に乗って、行きたい所へ行けるようになる**
●ファッションのしくみを理解して練習する
→**本当に好きな服や似合う服を選んで、なりたい自分を実現できるようになる**

ファッションのしくみを学んだ後は「何を着ればいいかわからない」という状態を抜け出し、いつどんなときでも自分の服を自分で選べるようになるのです。

ファッションは、理想の人生を叶える最強のツール

ファッションのしくみを学ぶことには、ファッションに悩まなくなるというほかに大きなメリットがもうひとつあります。

それは、「理想の人生が手に入る」ということです。

４日目の講座で詳しくご説明しますが、服選びの基準とは「なりたい自分」にあります。

この「なりたい自分」のイメージを整理して明確化し、さらに①〜⑥の知識を身につけることで、

どうなりたいのかという服選びの基準を持てる

↓

なりたい自分になれる服を自分で選べる

↓

だから、人生が変わるのです。

シンデレラは、魔法をかけてもらってドレスを着て、招待状もないのにお城に入ることができました。これは「ドレス」のおかげです。つぎはぎだらけの服では門前で追い返されてしまったはずです。

このように服にはすごい力があります。

以前、婚活中の38歳の女性に真っ白なワンピースを勧めました。

彼女は「こんな服、着たことがないから無理です」と言っていたのですが、「だまされたと思って着てみて」と試着してもらいました。

試着室から出てきた彼女の満面の笑みは今でも忘れられません。

その後、とんとん拍子で結婚話が決まりました。彼女は服だけで結婚できたわけではありません。それ以前に「結婚したい」「こういう自分になりたい」というイメージがありました。着たことがない服に最初は少し抵抗感があったのでしょうが、「なりたい自分」という意志の上に服をまとったことで、袖を通した瞬間に自己肯定感が上がったようでした。

ファッションは、人生を切り拓く「知恵と力」になるのです。


本来、ファッションの知識は「専門知識」ではなく、服を着るすべての人にとって必要なものだと私は思っています。

冒頭で少し触れましたが、じつは「センス」とは、ファッションのしくみを知ることです。

1日目の講座で改めてご説明しますが、「センス」の中身は、ファッションに関する知識です。そして「センスがいい人」とは、ファッションを使いこなし、自分の目的を果たす知恵と力を持っている人のことをいうのです。

インテリアでも料理でも、センスの裏には必ず「しくみ」と「それを使いこなす練習」が隠れています。ですから、知って練習さえすれば身につけられるセンスを知らずに人生を過ごすのはもったいない！　と、私は強く思います。

「『センス』という武器を手に入れたら、ファッション情報に踊らされませんね」とは、受講生からのご感想です。ファッション迷子から脱却し、望む人生を生きるために早速、レッスンを始めていきましょう！

Day 1

おしゃれの素になる「ファッション」と「センス」とは？

さあ、講座の初日です！
1日目の本日お教えするのは、
ズバリ「ファッション」と「センス」の正体です。
この2つは、どちらも正体をきちんと理解されていないもの。
その誤解が、ファッション迷子を生み出すもとにもなっているのです。
ファッションとセンスが本当は
どういうものなのかをきちんと理解すると、
服の選び方は大きく変わってきます。

「ファッションの正体」とは？「センス」とは？

ファッションとは、何だと思いますか？

「トレンドを楽しむもの」

「パリコレクションやモード」

「憧れや夢」

「元気をくれる」

「自己表現」……こんな言葉が浮かんできたのではないでしょうか。

確かに、ファッションにはこうした特別感や芸術的な側面もあります。

ですが、それだけではありません。

日常生活の中であなたが身に着けているファッションには、もっと身近で実用的な目的があるのです。

「着る」「装う」、服にはちゃんと〝役割〟がある

ここで、ファッションの歴史を遡《さかのぼ》って簡単にご説明しましょう。

原始時代、人間は「暑さ寒さから身を守る」ために、動物の皮などを服として身にまとっていました。

その後、集団ができて社会活動が営まれるようになると、人間は「何をしている人かがひと目でわかるような、特別な装飾」を服に加え、自分が何者であるかを周囲に示すようになります。

身を守るために「着る」という当初の働きに、身分や立場を示す「装う」という働きが加わったことで、服は大きく発展することになりました。これが、ファッションの成り立ちです。

つまり、着ている人がどういう人間なのか、またどういう身分や立場にあるのかを、言葉を使わずひと目で伝えられるように発達したものがファッションなのです。

「太陽王」といわれたフランス国王・ルイ14世の時代に、王侯貴族が金銀宝石やシル

クなどで贅沢に着飾っていたのも、自らの地位や権力を示すためでした。

実は、貴族や庶民などという階級がなくなった現代でも、衣服が立場を表すという流れは変わっていません。ファッションはこの「装う」という歴史の上に成り立っています。学生服やさまざまな職業の制服、冠婚葬祭用の礼服からモテ服まで、ショップに並ぶ多くの服はすべて「装う」という働きから目的別に細かく分けられているのです。そして人は、相手のことを「着ている服」でどういう人か認識しています。

「えっ、服だけで!?」と驚いたかもしれませんが、ちょっと振り返ってみてください。あなたも初対面の人に会ったとき、服装などの外見で「きっと、こんな人なんだろうな」と、自分の感じた印象でその人を認識していませんか？

すべての服は言葉を持っている

ここにある、2種類の服のイラストをご覧ください。

どんな人が着ている?

左側は、ふんわりふくらんだパステルカラーのワンピース。

右側は、かっちりした濃い色のスーツです。

この2つのイラストの服装から、それぞれどのような人物を想像しますか？

1枚目のワンピースからは「お嬢様」「かわいらしい女性」、2枚目のスーツからは「真面目そう」「有能なビジネスウーマン」といった人物が浮かんできませんか？

では、なぜ、そう思ったのでしょうか？　それはあなたの中に、今までに見てきた映画やドラマなど、さまざまなメディアを通して刷り込まれた服のイメージがあるからです。

私は、そのイメージを「服の言葉」と呼んでいます。

優しい色、カッコいい形、かわいいテイスト…というように、すべての服には色、形、テイスト（雰囲気）に、言葉があるのです。これは「ファッションの法則」です。

「服の言葉」＝イメージが結び付いて、人は無意識にその言葉と着ている人を重ねて捉えています。ですから、服をちゃんと「選ばず」になんとなく着ていると、自分が何も言わなくても、服が「私はこういう人間なんです」と勝手に話し出してしまいます。服は、あなた以上におしゃべりなのです。

トレンドや診断を取り入れても、しっくりこないのは、なぜ？

服とは本来「どういう自分で在りたいか」「自分をどう見せたいか」という意思に基づいて選び、身につけるものとして発展してきました。ですから、「私はおしゃれが苦手だから代わりに選んで」ではなく、「自分はどうなりたいのか」ということを、服を着る本人が考えて決めなければならないのです。

なのに、トレンド情報や、「〇歳までに持っておきたいマストアイテム！」や、あるいはさまざまなスタイリング診断などに頼っては振り回されていると、やがて自分でも何が好きでどうなりたいのか、本当にわからなくなってしまいます。

そうした状態で選んだ服は、どこかぼんやりとしてちぐはぐで、自分でも納得がいかないのではないでしょうか。

「トレンドも取り入れているし、診断も受けたのに、なんだかしっくりこない」というお悩みの原因は、自分が「どうなりたいか」が曖昧だからなのです。

今、多くの人がこういう状態に陥ってしまっている原因は、アパレル業界のしくみにあると私は思っています。

アパレルメーカーが生き残るには、服を常にたくさん売り続けなければなりません。そのために生み出されたのがトレンドです。

「今年はこれが流行ります、だから去年の服はもう着られません」というように、トレンドを煽《あお》ったり終わらせたりを繰り返して、新しい服を買うように促すのです。

買う側も「トレンドに乗っていないとダサいと思われる」という不安感から、トレンド服に次々と手を出すようになります。その繰り返しの中で、自分は何が好きか、どう在りたいのかといった大切なことが置き去りにされ、本来の服の選び方もどこかへ消えてしまった――。これが、今のファッションだと私は推測しています。


ですが、「私はこう在りたい」「自分をこう見せたい」というはっきりした意思があれば、トレンドやさまざまな情報にも振り回されずにいられるのです。

「自分は何者なのか」という意識。これが服選びにおける絶対的な基準です。

「ファッションの働き」を意図して使おう

ここで、改めてファッションの正体について整理しましょう。

まずひとつは、ファッションとは「その人が何者であるか」を示すために発達してきたツールであるということ。

そしてもうひとつは、服自体がすでに言葉を持っているということです。

だからこそ私たちは、こうした「ファッションの働き」を理解して、意図的に服を選ぶ必要があります。

「今日着る服がない」理由

「服はあるのに、着るものがない」

クローゼットの中には服がたくさん詰まっているのに、今日着ていくものが見つからない……これは、よくある悩みのひとつです。なぜ、こうなってしまうのかというと、それは「気分」で服を選んでいるからです。

気分は毎日変わるものですから、「今日の気分に合った服」でクローゼットを眺めていると、服がいくらあっても足りません。

服を選ぶときは、「今日、自分は誰としてどこに行くのか」「今日、誰としてどう生きるのか」にピントを合わせるのが正解です。「部下を持つ上司として、会社に仕事をしに行く」「元同級生と地元のカフェに行く」……こういう目でクローゼットを見れば、今日着る服はちゃんと見つかるはずです。

自分が主役になって視線を引き付けたいのか？　それとも、控えめにして親しみやすい雰囲気を出したいのか？　その日の自分の立場にふさわしいふるまい方を考えれば、自ずと着るものは決まってきます。

ですが、ファッションのプロを目指す服飾専門学校の生徒ですら、講義の初日に「今日はどうしてその服を着てきたの？」

「コーディネートのテーマは何?」

と質問しても、ほとんどの生徒が「なんとなく」とか「流行ってるから」と答えます。ところが、1回目の授業で今お話しした内容を伝えると、生徒たちは「なぜこの服を選んだか?」を明確に答えられるようになってきます。そして、ものすごいスピードでファッションのコツを身につけていくのです。

この本を読んでくださっているあなたは、「自分はどう在りたいか」「自分をどう見せたいか」というイメージを問われても、きっとまだ漠然としているかと思います。「なりたい自分」のイメージのまとめ方については、4日目の講座で詳しくお話ししますので、今は安心してこのまま先へ進んでくださいね。

意図して選んだ服にはパワーがある

「服って、なんとなくではなく『意図的に』選ぶものなんだ」

今日の講座では、これを知っていただくだけでも大進歩です。

ところで、私の生徒の中には、こんな不安を打ち明ける方もいらっしゃいます。

「こうなりたい、こう見せたいというイメージは一応あるんですけど、そんな服を私が着ても絶対似合わないから……」

そんな方に、私がいつもお伝えしている言葉があります。

「人はその制服通りの人間になる」という、ナポレオンの名言です。

たとえば、ある女性が「優雅で高貴な女性になりたい」と思って、真っ白なカシミアのロングコートを奮発したとします。そんな素敵なコートを着ていたら、裾を引きずって駅の階段を登ったり、脚を広げてドカッと椅子に座ったりはできませんよね。つまり、何を着てどう生活するかということがその人の習慣になり、やがてその人の似合うものになっていくのです。

ですから、今の時点での似合う・似合わないは後回しにして「なりたい自分」になれると思う服を見つけたなら、まずは勇気を出して着てみることをおすすめします。

また、「私はこういう人間としてここに存在したい！」と意図して選んだ服は、人生を切り拓くカギにもなります。

先にもお話ししたように、シンデレラは舞踏会の招待状を持っていなかったにもかかわらず、「舞踏会へ行きたいという意図」に基づいてドレスを魔法で用意してもらったおかげで、お城に入ることができました。

このシンデレラと同じように、服を意図的に使えば開かない門はほぼありません。

実際、私はファッションプロデューサーとして、ビジネスで「なりたい自分」を目指す方のスタイリングをたくさんお手伝いしてきました。

「ベストセラー著者らしく、華やかで知的に見える服」

「大勢の部下がいる上司らしく見える服」

「人気講座の先生らしく見える服」

というように、服でキャラクター付けやブランディングをした結果、業績が2〜3倍にアップしたというご報告をたくさんいただいています。

そうした方たちも、最初は「こんな素敵な服、私には絶対無理です」とおっしゃっていましたが、思いきって着たとたんに人生が急展開していったのです。

今まで服を選ぶとき、本当はほかの服に惹かれているのに、つい「無難がいちばん」「着回しできるほうがお得」「安いほうがいい」とラックに戻してしまっていた方も、「自分はどうなりたいのか」

ということをまず意識するようにしてみてくださいね。

なぜなら、服はツールだからです。

「この服、着こなせるかなぁ」という気持ちは、服のほうが上になってしまっています。

「そこのワンピース、私のために働いてね」

これが正しい意識です。服にあなたが合わせるのではなく、あなたに服を合わせる。あくまであなたが上で、服は従えるものなのです。これはどんなに高価なブランドでも同じです。

「エルメスさん、私のために働いてくれるなら、今日から私の家来として大切にするわ」

そんな気持ちでいてほしいと思います。

服も小物も、あくまでもツールでしかありません。だから私は、スタイリングの際に「服はあなたのために役に立ちたがっています。出会えて喜んでいるから大切に着てくださいね」とお伝えしています。

本当の「センス」をあなたは知らない

プロローグで、「センスとはファッションの知識である」とお伝えしました。

一方、ファッション誌では「センスのいいコーディネートのコツ」などと題して、トレンドアイテムを駆使してみせたり、色や小物を斬新に組み合わせたりする特集を繰り返しているので、そういうことを「センス」というのだと漠然と思っている方も多いのではないでしょうか？

あるいは「センスとは、おしゃれな人だけが生まれ持った才能」と思っている人もいらっしゃるかもしれません。

ですが、本当のセンスは「ファッションのしくみを理解」して、「それを使いこなす練習」によって身につきます。

そうして練習を繰り返すうちに、「なりたい自分」を実現するスタイリングができるようになった人のことを「センスがいい人」というのです。

おしゃれな人はどこが違うのか

ファッションの本当の目的は、こう在りたい、こう見せたいという「なりたい自分」を演出することでしたね。

でも、それを知らずに、ファッション誌が提唱するようなセンスのよさ＝「おしゃれっぽく見せること」にとらわれていると、こんな失敗が起こることがあります。

●おしゃれになりたくていろいろなスタイリング診断を受けたのに、結局何を着ればいいかわからない

●おしゃれをして出かけたのに、場違いな気がして気分が落ちた

●おしゃれをして出かけたのに、誰からもほめてもらえない

つまり、どんなにトレンドの取り入れが早くとも、色使いや小物の合わせ方が斬新でも、それが「なりたい自分」とかけ離れていたらまったく意味がないわけです。

何度も繰り返しますが、ファッションの本当の目的は「こう在りたい、こう見せたいという『なりたい自分』を演出すること」です。センスは「なりたい自分へ、より近づくための知識と工夫」といえます。

たとえば、ドラマや映画に出演する俳優さんは、演じる役によってガラリとビジュアルを変えて登場しますね。

それが毎回「役柄にぴったり！」「似合う！」「素敵！」と絶賛されるのは、プロのスタイリストや衣装制作係さんの「センス」のおかげです。

衣装やメイクを、俳優さん本人の体型や顔立ちに合わせて厳選し、より「なりたい自分」のイメージに近くなるように調整していく能力が「センス」なのです。

服飾専門学校が教えるのは「ファッションのしくみ」という知識までで、「センス」

を教えるわけではありませんが、知識を身につけた人が一生懸命に練習を重ねることで、こうした「センス」を身につけて立派なお仕事をされるようになるわけです。

「なりたい自分」を決めれば、センスは後からついてくる

ファッションのプロではない一般の方であっても、「なりたい自分」というゴールをはっきり設定すれば、センスは必ず身についていきます。

具体的なゴールイメージが決まっているからこそ、何を着て何を組み合わせればいいのかが決まり、そのためにどこを調整すればいいのかがわかってきます。その試行錯誤を重ねることが、センスを磨く「練習」になるのです。

すべてのファッションのプロも、「どこへ向かってスタイリングするのか？」というゴールを明確にすることから仕事を始め、あれこれ試行錯誤を重ねながらゴールへ近づくということを繰り返して、プロとして成長していきます。

一方、ゴールがぼんやりしていると、センスはついてきてくれません。「自分をどう見せたいのか」というゴールが具体的でないのに、やみくもに服や小物を組み合わせてみても、コーディネートは全身ゴチャゴチャになってしまうでしょう。おいしい食材をたくさん用意しても、「どんな料理にする？」という目的が決まっていなければ、何も作れないのと同じです。

センスはいつからでも身につけられる

SNSの中には、まるで「生まれつきセンスがいい」ように見えるほど、軽々とファッションを楽しんでいる人が大勢います。

コーディネートが洗練されているだけでなく、常に自分に合う服や小物を選べていて、無駄買いや失敗買いもない……そんな様子が、普通の人の目からすると「生まれつきセンスがいい」ように見えるわけですね。

でも、そうした人たちは決して生まれつきセンスがいいわけではなく、普通の人の何十倍も「なりたい自分になる練習」をしてきた人たちだと思います。

服飾専門学校の生徒たちも、1年生の入学式を経て夏休みに入る頃には「別人!?」と、周りが目を見張るほどセンスが磨かれ、一目で服飾専門学校の生徒だとわかるようになります。それと同じことです。

「なりたい自分」の姿や未来を具体的にして、「私は生まれつき、おしゃれが苦手だから、勉強しても無理」なんていう思い込みは今日限りで手放しましょう。

第1日目の最後に、この言葉を贈ります。

センスがよくなるたった1つの方法は、自分が素敵になれると信じて、全身が映る鏡の前で、着たり脱いだりを何度も何度も繰り返すことなのです。

Day 1

まとめ

ファッションとは、その人がどういう人間なのかを視覚的に伝えるためのツール

……だから、「なりたい自分」を意図して選ぶもの

すべての服は言葉を持っている

……だから、無意識に選ぶとイメージを誤解されかねない

センスとは、なりたい自分に近づくための知識と工夫のこと

……だから、学べば誰でもセンスは身につけられる

やせ見えの裏に「錯視」あり！

大人世代の女性にとって、体重の増加や体型の崩れはお悩みの種ですね。「本当は55kgだけど、50kgないように見える服」がもしあったら、飛びつきたくなってしまうのではないでしょうか？

ファッションのプロなら、そんな魔法のような服選びもできるのです。ファッションのプロが、やせ見えのテクニックとして使うのは「錯視」です。錯視とは、目の錯覚によって引き起こされる視覚的効果のことをいいます。

錯視の代表的なものが、左の「ミュラー・リヤー錯視」です。どの線も同じ長さなのですが、V字が開いている向きによって長さが違って見えますね。

この錯視をファッションに応用すると、トップスはタートルネックのように首元が詰まったものより、首元が開くVネックを選んだほうが体が細長く見えるということになります。これは、やせ見えテクニックの中でも特に多く使われている手法です。細く見せたいなら、Vネックやシャツのボタンを開けるなど「Vライン」を意識しましょう。

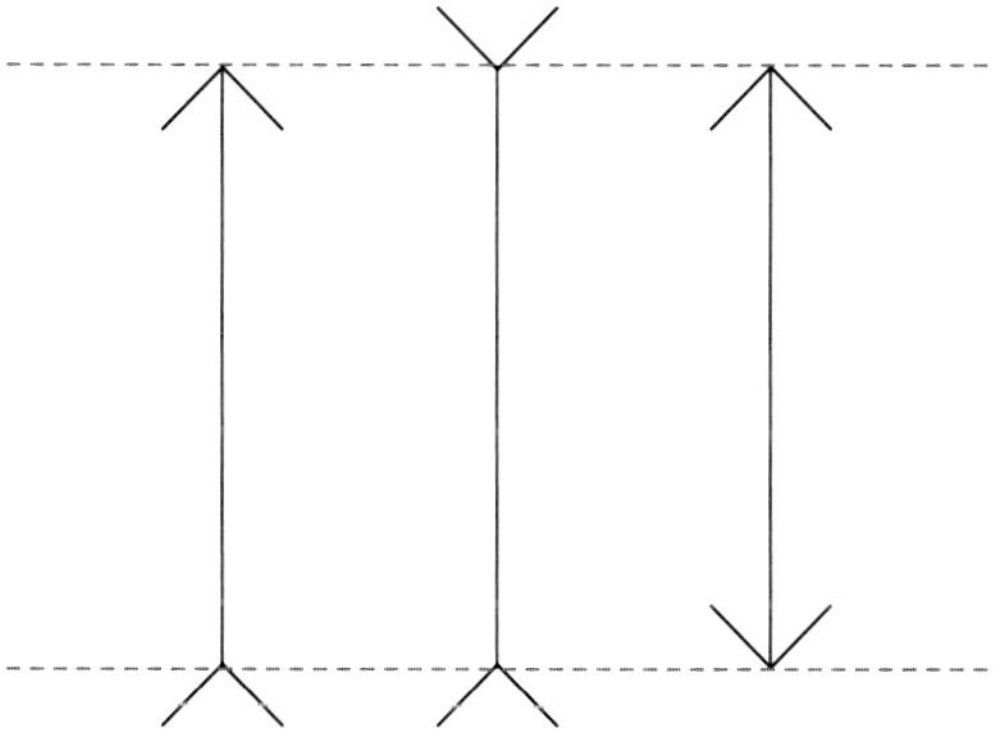

また、手首、足首、首と「3つの首」を見せると華奢に見えるという有名なやせ見えテクニックも、「アモーダル補完」という錯視によるものです。

これら3つの首は、人間の体の中で最もくびれて細いところなので、そこを見せることで「服で隠れている部分もきっと細いのだろう」と、見る人に脳内補完させることができるのです。

ほかにも、小顔に見せたり、縦長効果を出したりといった錯視テクニックはたくさんあります。次ページにご紹介するイラストを見ながら、お手持ちのアイテムで実験してみてくださいね。

ファッションに取り入れたい錯視

［バイカラー錯視］

同じ長方形を2色で分割するなら、横に分割するよりも縦に
分割するほうがよりスリムに見えます。

［ エビングハウス錯視 ］

中心にある物体が周囲を囲む物体の大きさによって大きく見えたり小さく見えたりする有名な錯視。これを帽子に応用すると、つばの広いもののほうが小顔に見えます。

［ ストライプ効果 ］

強調するなら横より縦。ボーダーよりストライプのほうが細く見えます。細いピンストライプなら、やせ見え効果はよりアップ。

色も言葉を持っている

「初対面の相手の名前や顔は忘れてしまったけれど、着ていた服の色は覚えている」

こんな経験、あなたにもありませんか？

色彩心理学の研究によると、人の印象に残りやすいのは、服のデザインよりも色だといいます。なかでも、赤や黄などの派手な色ほど印象に残りやすく、逆に控えめな色だと、本人の容姿のほうが印象に残りやすいそう。

これを踏まえると、ビジネスでのプレゼンなど「とにかく提案内容を印象づけたい」という場では派手な色の服、婚活のように「私自身を見てほしい」という場では淡い色の服を選ぶと、効果的といえますね。

また、「服は言葉を持っている」と先ほどお話ししましたが、実は「色も言葉を持っている」のです。左は、色が人に与えるイメージ＝「色の言葉」の一覧表です。

「オレンジ＝元気、チャレンジ精神」「紫＝落ち着き、高貴」など、色それぞれが持つ言葉を使いこなすことで、相手にこう見られたいという「なりたい自分」の印象を演出することもできます。

色が与えるイメージ

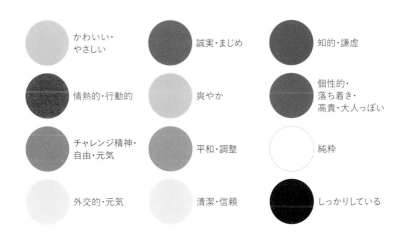

[顔色が冴えない／元気に見せたい]

元気・活発・情熱的＝暖色　赤・橙・黄系統…温かく感じる色

[気持ちを集中したい／爽やか・知的に見せたい]

知的・信頼・冷静＝寒色　青〜青緑系統…冷たく感じる色

[気持ちを落ち着けたい／誠実・温和に見せたい]

穏やか・誠実・高貴＝中性色　温かくも冷たくも感じない色

カラーホイールについて

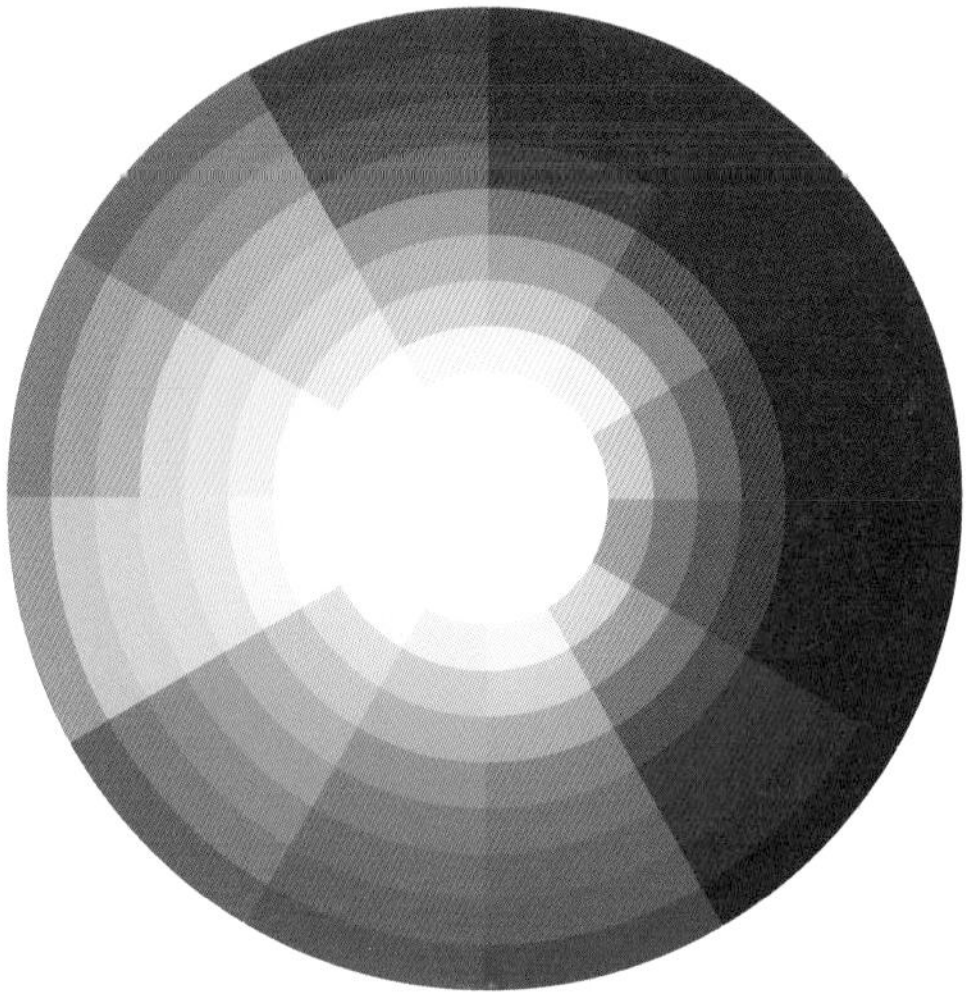

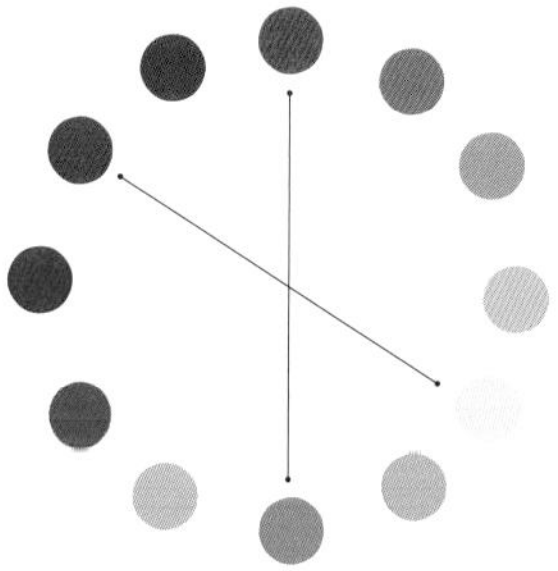

【 補 色 】

「補色」は、「緑と赤」「黄色と紫」など、カラーホイールで対になる色同士のことを指します。

色を環状に配置したものが「カラーホイール」

相性のいい色の組み合わせがわかります。同じ色の白に近い色から黒に近い色の濃淡をグラデーションといいます。隣同士に位置する色は類似色といって、この2つのグラデーションを使う配色方法を「トーン・オン・トーン配色」(P128参照)といい、調和のとれたスタイリングができます。
補色同士を1つのスタイリングの中に使うと、コントラストの強いスタイリングになります。

Day 2

好きな服を似合わせる
自分の「体型」を知る

2日目の講座へようこそ！
今日のテーマは「体型」です。
自分の体型を把握することは、
今や服選びの常識にもなっていますね。
ただし、それが「縛り」になってしまっていると逆効果です。
ここでは、体型についての考え方をリセットすると共に、
改めて自分の体型を捉え直してみましょう。

世界基準の「ボディタイプ診断」があります

服とは、「なりたい自分になれるかどうか」を基準に選ぶもの、とお伝えしました。

ただ、「なりたい自分のイメージにぴったり！」と思った服でも、

「太って見える」

「肩幅が目立ってしまう」

など、着てみたらスタイルが悪く見えてしまったということはよくありますよね。

だからといって、「なりたい自分」をあきらめる必要はありません。

自分の体をきれいに見せてくれるのはどういう形の服か（反対に悪く見せてしまうのはどういう形の服か）、ショッピングの前に把握しておけば「好きなテイストの服を自分に似合わせる」ことができるのです。

自分の体をきれいに見せてくれる服を知るには、自分の体型を客観的に把握する必要があります。そこで、「ボディタイプ診断」で自分の体型を把握してみましょう。

ボディタイプ診断とは、人の体型を5つのタイプに分ける体型診断法です。

体型診断法といえば、一般的に知られているのは「骨格診断」ですね。ストレート、ナチュラル、ウェーブという3タイプに体型を分ける診断を、一度は試したことがあるのではないでしょうか？

しかし、この骨格診断は日本だけで使われているもの。ボディタイプ診断は、骨格診断が誕生する前から世界中でスタイリングの参考に使われている、いわば世界基準の体型診断です。

ボディタイプは、ボディシェイプタイプ（body shape type）ともいわれ、1980年代頃から、美容や健康などへの意識の高まりと共に広まりました。体型をパターン化することでアドバイスがしやすいため、ファッション業界でも一般的になり、今でも世界中の多くのプロたちはこのボディタイプ診断を使っています。各ボディタイプはアルファベットや、リンゴ型、洋ナシ型、砂時計型、長方形型、逆三角形型などの分類でも知られています。世界中に広まる中で、より細分化されたりもしていますが、あまりに多いと判断が難しいため、私は5つのタイプ診断を活用しています。

体型をチェックしてみましょう

用意するものはスマホだけ。メジャーは必要ありません。

1 写真を撮る

全身が映る鏡の前に、両足を肩幅くらいに広げて立ちます。首から膝上くらいまでが収まるように、スマホで写真を撮りましょう。

撮るときは、イラストのように体のラインが見える服を着ると、体型がわかりやすくなるのでおすすめです。

2 写真に線を引く

写真を撮ったら、肩幅、バスト、ウエスト、ヒップの4か所に横線を引きます。肩幅は両肩のいちばん広い位置、バストはいちばん高い位置、ウエストはおなかの真ん中あたりの自然な位置、ヒップはいちばん広い位置です。

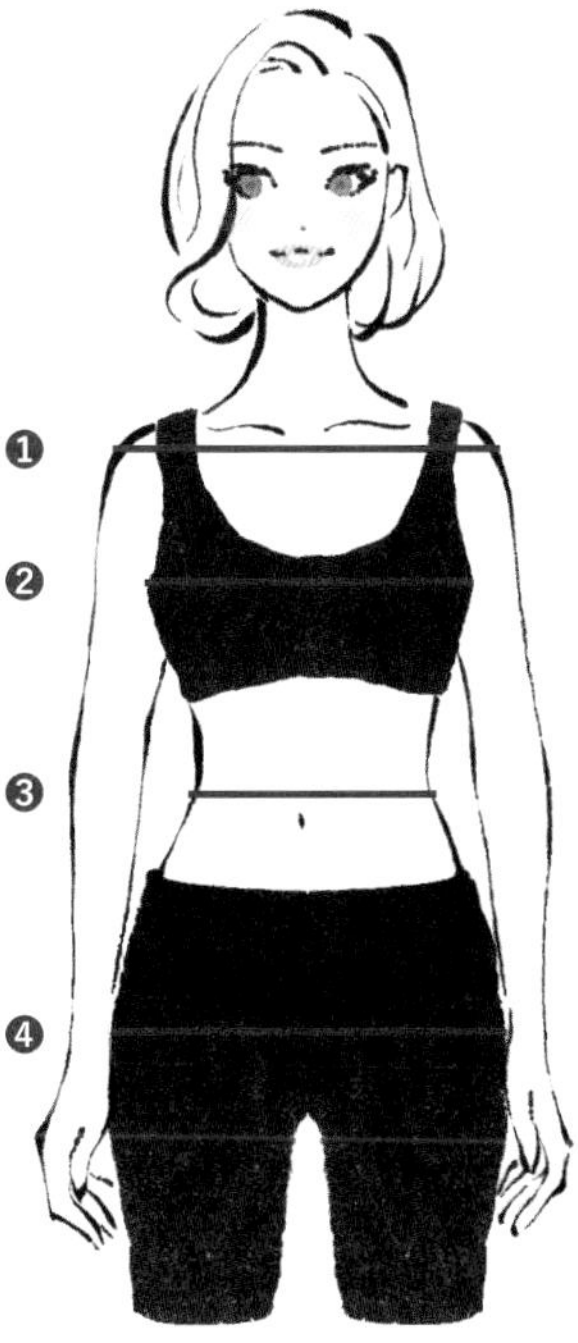

①肩幅・②バスト・③ウエスト・④ヒップに上のイラストのように横線を引きましょう。

3 線の長さを見ながら、チャート診断を行う

4本の横線の長さを比べながら、次ページのチャート診断を進めてみましょう。

ボディタイプ チャート診断

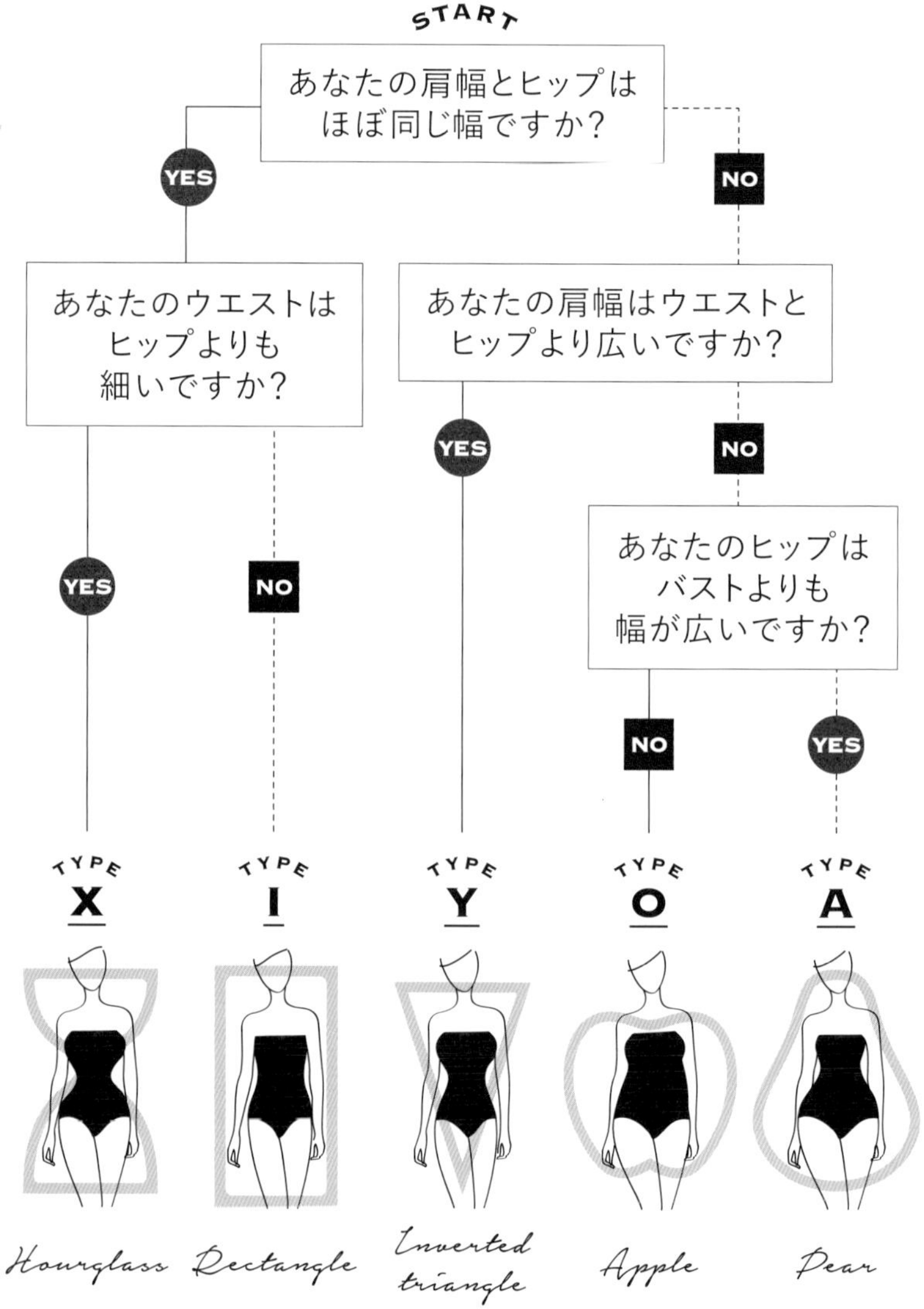
START
あなたの肩幅とヒップはほぼ同じ幅ですか?
YES
NO
あなたのウエストはヒップよりも細いですか?
あなたの肩幅はウエストとヒップより広いですか?
YES
NO
YES
NO
あなたのヒップはバストよりも幅が広いですか?
NO
YES
TYPE X
TYPE I
TYPE Y
TYPE O
TYPE A
Hourglass
Rectangle
Inverted triangle
Apple
Pear

自分が当てはまったタイプのページを見ると、体型の特徴や、
バランスよく見せるスタイリングのポイントがわかります。

TYPE X ▶▶64ページ
TYPE I ▶▶72ページ
TYPE Y ▶▶80ページ
TYPE O ▶▶88ページ
TYPE A ▶▶96ページ

注意点

ここで、各タイプのページへ飛ぶ前に3つの注意点をお伝えしておきましょう。

❶ 体型は「よい、悪い」ではなく、「特徴」「情報」として捉える

自分の体という素材を否定せずに、まるごと受け入れることが「なりたい自分」というゴールへの第一歩です。

❷ 1つの型にとらわれない

「自分はXタイプ」と思っていても、年齢を重ねるうちにOタイプやAタイプに近づくことはよくあります。また、もともと複数のタイプが混ざっているということもあるものです。先入観はなくして、できるだけ客観的にトライしてみてくださいね。もし自分のタイプをどれか1つに絞るのが難しい場合は、「ミックスタイプ」として複数のタイプのアドバイスを読んでみましょう。

❸ 気楽にトライする

後ほど詳しくお伝えしますが、体型診断はあくまで「目安」です。最終的には試着して判断すればよいので、アドバイスは気楽に読んでくださいね。

TYPE X

砂時計の特徴

HOURGLASS

・バストが豊か　・ヒップが大きめ
・ウエストのくびれがはっきりしている

バストとヒップの幅がほぼ同じで、ウエストがくびれているのがこのタイプ。アルファベットの「X」、または「砂時計型」ともいわれるシルエットの持ち主です。
曲線的なXタイプは、女性美の象徴のような体型。シャツにデニムといったメンズライクなコーディネートでも、Xタイプの人が着るとフェミニンに見えます。一方、露出が多くなると、セクシーになりすぎて品を損なってしまうことも。肌出しはTPOに応じて調整しましょう。

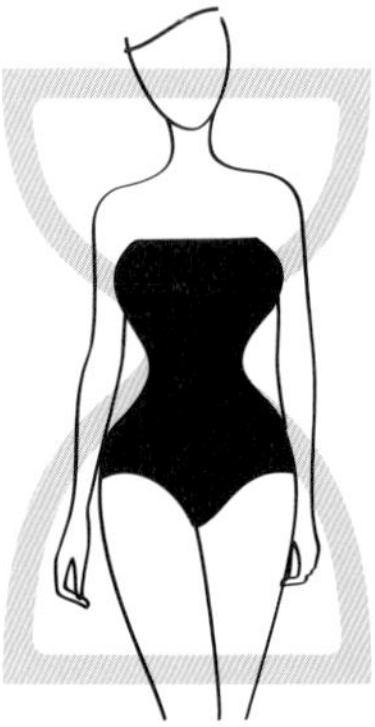

おすすめは…　「ウエストコンシャス」

体型をきれいに見せるポイントは、ウエスト。トップスの裾をインしたり、ベルトを締めたりなど、ウエストのくびれを生かしたメリハリスタイルを意識してみましょう。50年代のようなフィット&フレアのワンピースも似合います。上質なブラやガードルで、ボディラインをサポート&キープするのも◎。

NGは…　「ビッグシルエット」

避けたいのは、ウエストのくびれを隠してしまう服。オーバーサイズの服やボックスシルエットのTシャツなど、「X」のくびれをすっぽり覆い隠すアイテムは、全体的に太って見えたり、胴長に見えたりしがちです。ブカブカのバギーパンツ、モード系のブランドによくある構築的なデザインの服なども、長所を生かしにくいアイテムなので控えたほうがよいでしょう。また、大人世代のXタイプは体型バランスが整っているだけに、若すぎる服装にも注意。過剰に甘い服、乙女チックな服は逆に年齢を強調してしまいます。

Elegant
STYLE
Natural
STYLE
Mode
STYLE

TYPE X

おすすめのシルエット

Xタイプの人におすすめのシルエットを紹介。
服選び、着こなしのイメージづくりに役立ててください。

TOPS

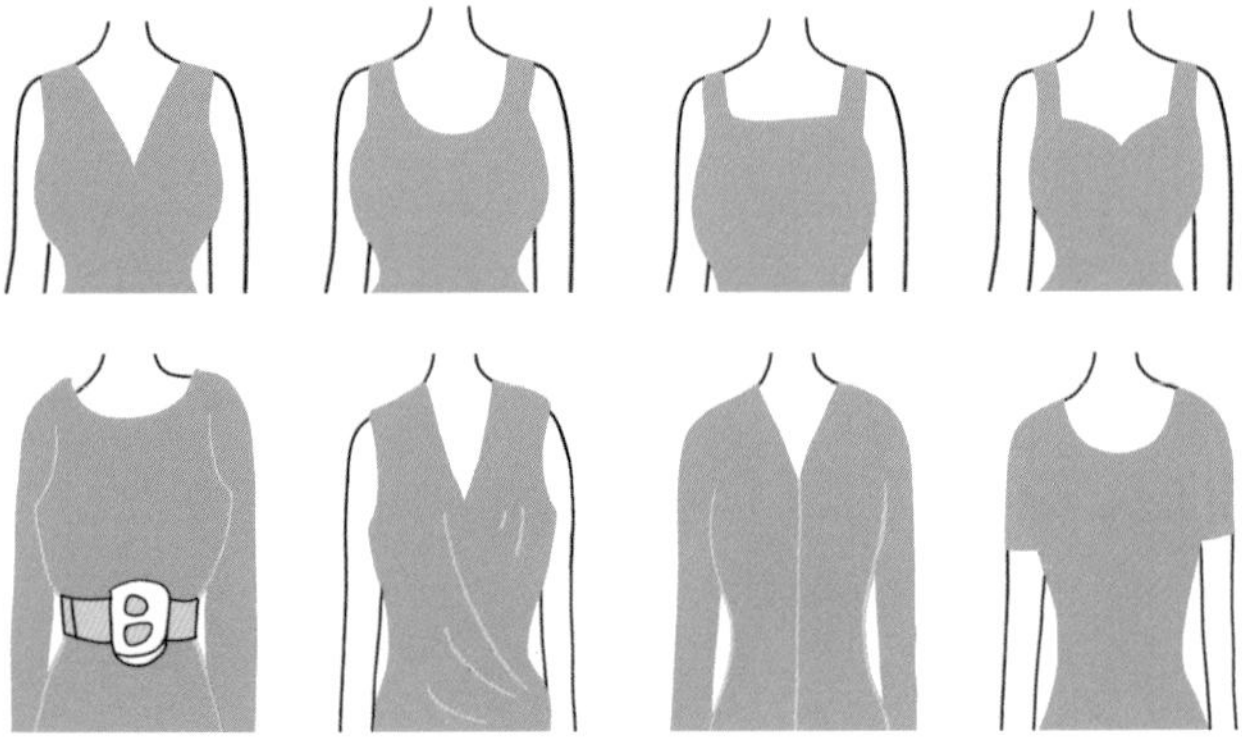

OUTER

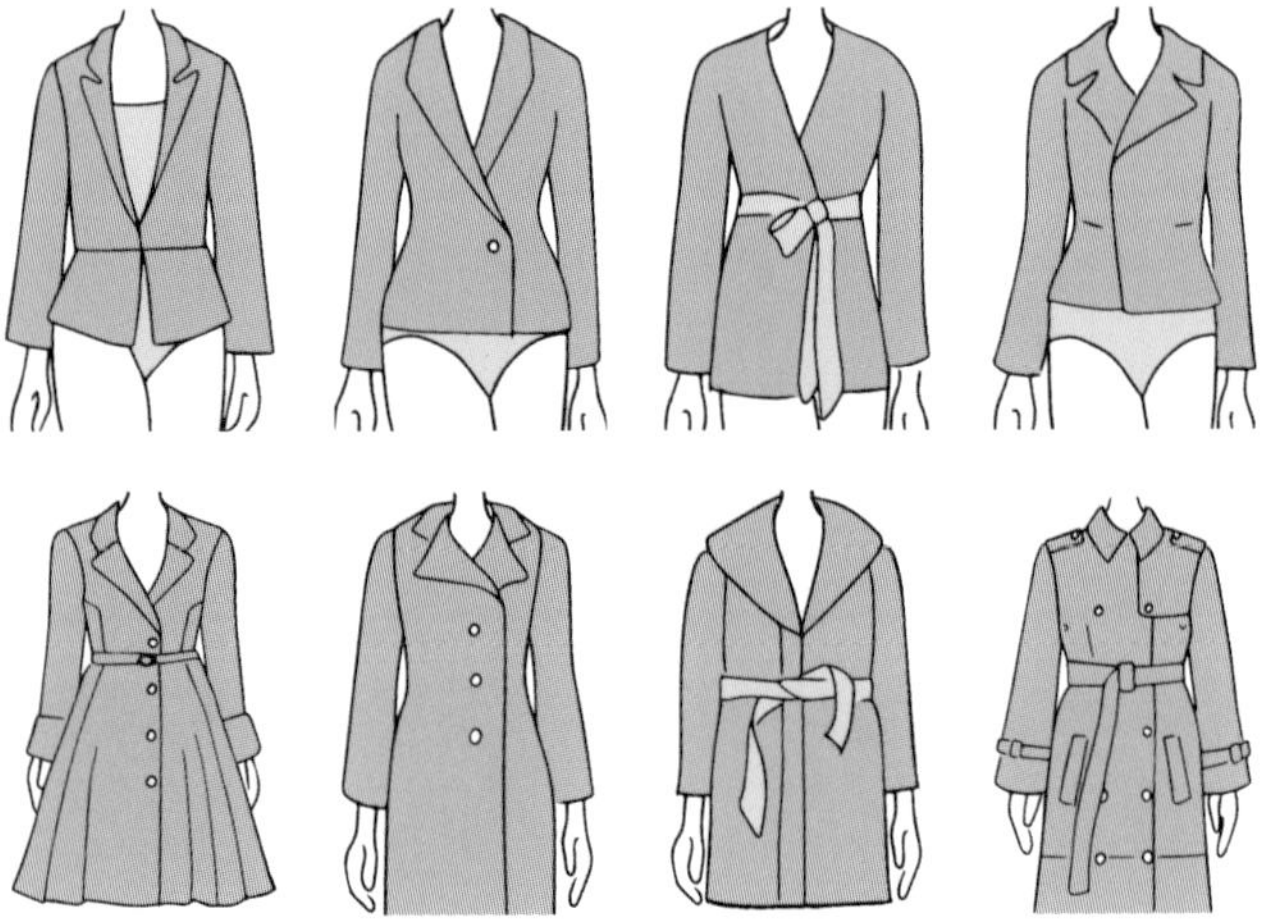

BOTTOMS

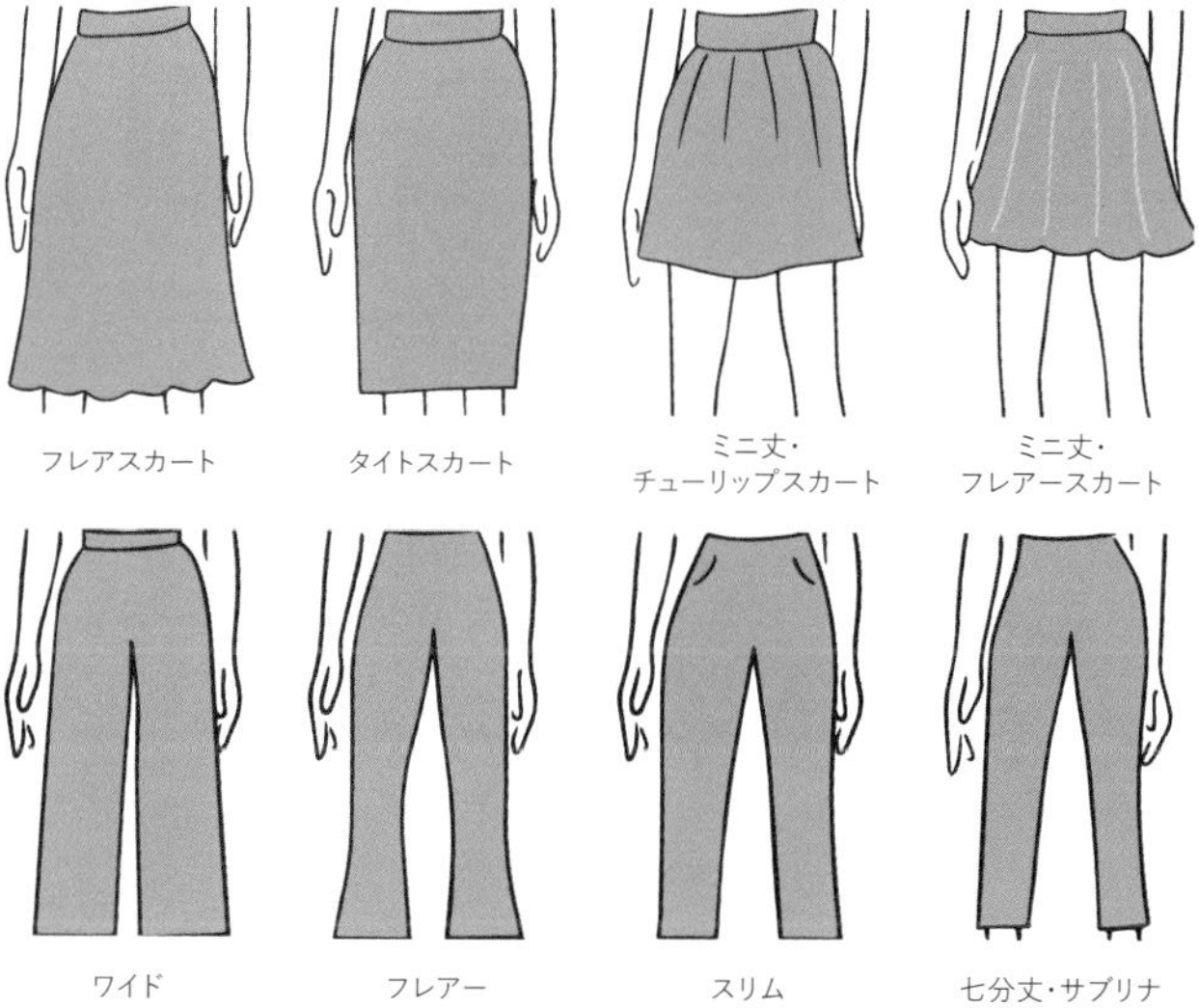

代表的なアイテム

ONE PIECE

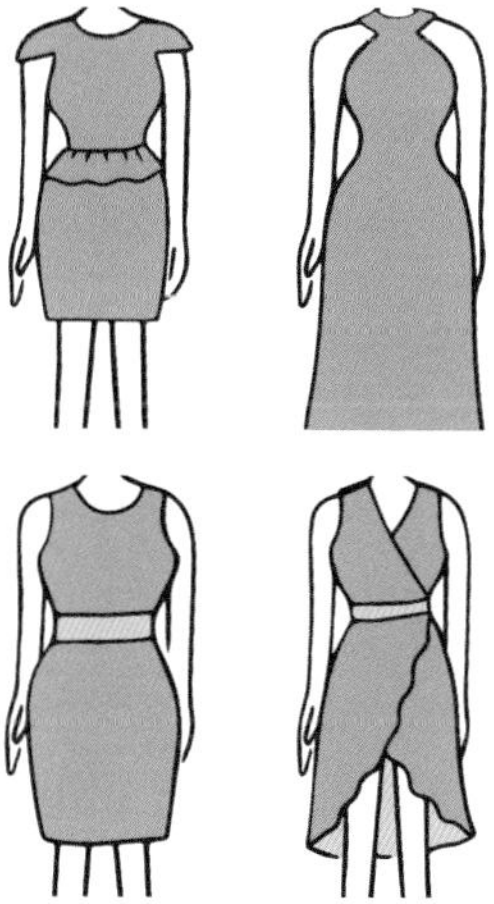

●おすすめのトップス…上半身の自然なシルエットを生かす

Xタイプの人におすすめのトップスは、上半身にしなやかにフィットするもの。バストが豊かでウエストが細いという、フェミニンなバランスをそのまま生かしましょう。パリッとしたシャツよりはとろみのあるブラウス、ニットやカットソーは柔らかく体に沿うハイゲージのものがおすすめです。

小柄なXタイプの人がすらりと見せたい場合は、カシュクールやVネックで縦長のラインを強調してみましょう。ただし、セクシーになりすぎないように開きの深さに注意してくださいね。

●おすすめのアウター…ウエストのカーブに沿うもの

ジャケットもトップスと同じく、バストとウエストのラインにフィットするものがおすすめです。肩は、パッドが入ってかっちりしたものより、丸みのある柔らかいものが似合います。

フェイクファーのような素材のボリューミーなブルゾンを着たいときは、なるべく丈をコンパクトにしてウエストがぼやけないようにするとよいでしょう。

ウエストのくびれを強調＋V開きで縦長効果も得られるカシュクール

ペプラムトップスは切り替え位置がウエストに合っているものを選んで

ニットはボディラインがほどよく出るハイゲージのものがおすすめ

コートも、ウエストにフィットしたものが基本です。ダブルブレストのコート（ピーコートやチェスターコート）、トグル付きのダッフルコートなどは、ウエストラインがブカブカに見えてXタイプのボディバランスを乱しやすいので注意しましょう。

●おすすめのボトムス…ハイ〜ジャストウエストで、トップスをインして

Xタイプの人に似合うスカートは、ウエストからヒップにかけての曲線が生きるシンプルなタイトスカート、またはフレアやマーメイドのようにウエストが細く裾に向かって広がる形のスカートです。トップスをインすると、よりスタイルアップして見えます。直線的なIラインスカートなどは、曲線美を消してしまうので要注意。

パンツは、ダブついてボリューミーでないものを選びましょう。ウエストにタックが入ったペグトップやサブリナは、Xタイプ向きのパンツです。デニムなら、ストレート、ワイドなど。丈はクロップド、ウエストはハイライズやジャストウエストに。

いずれもトップスが上半身にフィットする柔らかいものなら、ボトムスはややハリがあって、ボリュームの出るものを選ぶと、バランスがとれておすすめです。

コートもウエストにフィットしたものが基本。ベルテッドタイプは特に◎

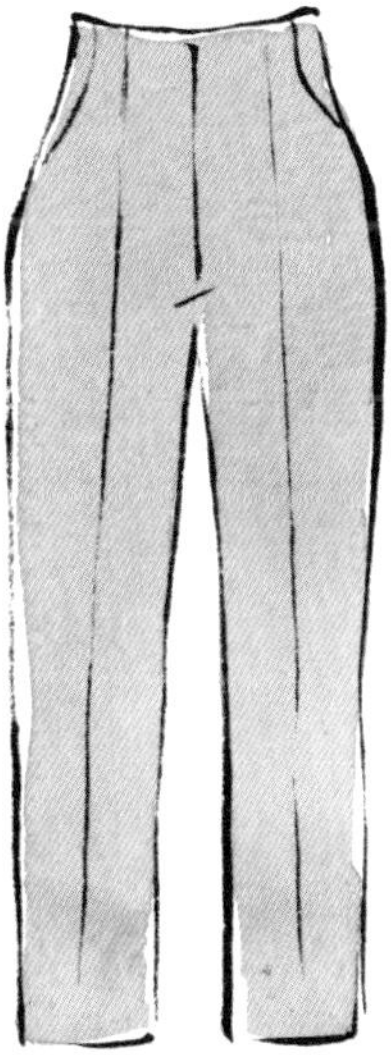

パンツはハイライズ～ジャストウエストで、幅にゆとりのあるものを

ウエスト丈のライダースは、Xタイプのボディバランスを生かせるアウター

ウエストが細く、裾に向かって広がる形のスカートはXタイプ向き

TYPE I

長方形の特徴

RECTANGLE

・くびれがない　・バストとヒップが小さめ
・手足が長く見える

バスト・ウエスト・ヒップの幅がほぼ同じで、アルファベットの「I」や長方形に似ているシルエットの持ち主です。体のふくらみが少ないタイプで、バストやヒップのボリュームで悩むことはないはず。「シュッとしている」「細長い」などと言われることが多いでしょう。そんなIタイプの人は、服で体に立体感や丸みをほどよく足していくことがスタイリングのポイントです。一直線につながってしまいがちな上半身と下半身を分割して、メリハリをつけることでスタイルアップして見えます。

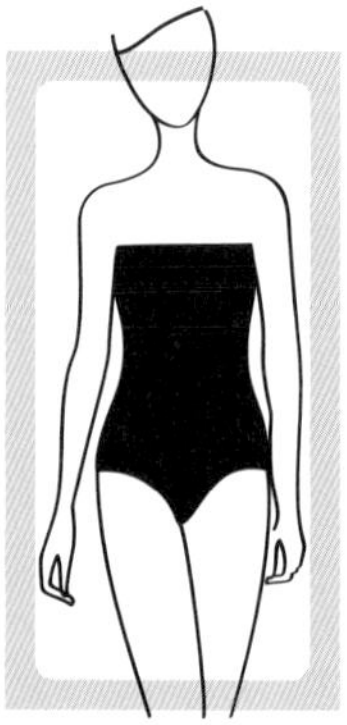

おすすめは…「ボリュームトップス」

ボディにメリハリが少ないので、特に上半身にボリュームをプラスしましょう。上半身と下半身が分割され、全身にほどよいメリハリが生まれます。たとえば、胸元にフリルやボウが付いたブラウス、ローゲージのボリュームニットなど、ふんわり空気を含んだようなトップスがおすすめ。腰に沿ってフレアが広がるペプラムトップスも、ウエストのくびれを演出できます。反対にボトムスは、スキニーパンツやタイトスカートなどで引き締めましょう。全身のバランスが取れるのに加えて、持ち前の脚の長さも生かせます。

NGは…「平坦なデザイン」

避けたいのは、立体感や曲線のないアイテム。ストンとしたロングワンピースや、ボックスシルエットのトップスなどを着ると「ずん胴で箱っぽい」印象になりがち。また、肩パッドがしっかり入ったアウターも四角いシルエットが強調されすぎるので、肩に柔らかくフィットするようなものを選びましょう。

Elegant
STYLE
Natural
STYLE
Mode
STYLE

TYPE I

おすすめのシルエット

Iタイプの人におすすめのシルエットを紹介。
服選び、着こなしのイメージづくりに役立ててください。

TOPS

OUTER

BOTTOMS

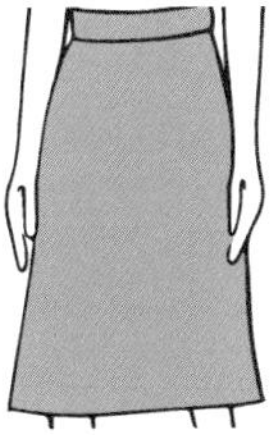

Aラインスカート

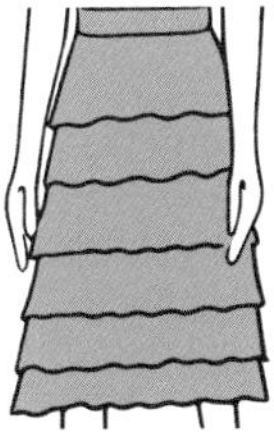

ティアードスカート

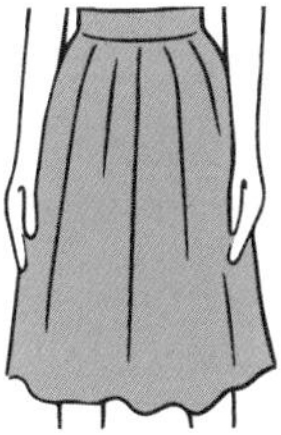

ギャザースカート

ひざ丈・バルーン
スカート

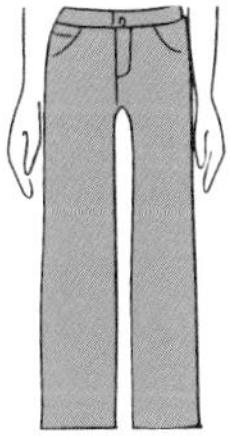

ワイド

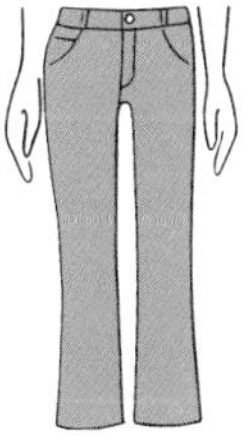

ブーツカット

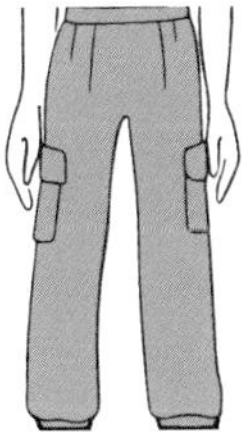

カーゴ

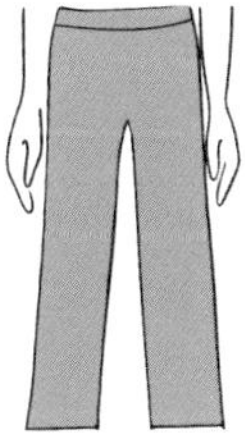

ストレート

代表的なアイテム

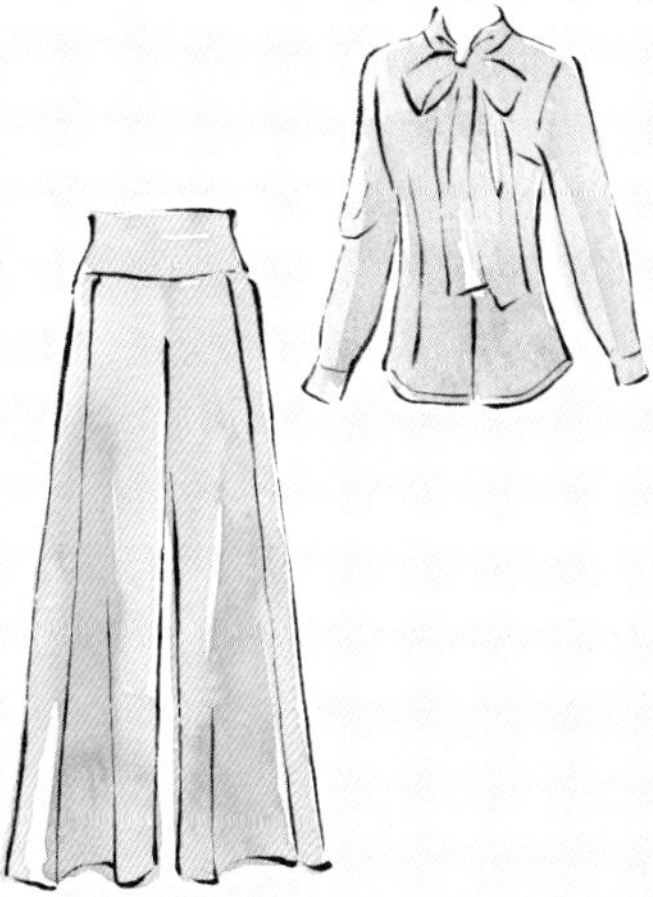

ONE PIECE

●**おすすめのトップス**…上半身に丸みとボリュームをプラス

Iタイプの人には、柔らかい素材のもの、フリルやドレープがあるものなど上半身にボリュームを与えてくれるトップスがおすすめです（ウエストでギュッとしめられるものが◎）。

春夏はシフォンのブラウス、秋冬は襟の詰まったローゲージのニットなどがおすすめです。ウエストから裾が広がるペプラムトップス、ベルト付きのブラウスなどもくびれを作れるのでおすすめ。袖は、細いものよりゆとりのあるものが体に丸みを与えてくれます。

●**おすすめのアウター**…曲線的なシルエットのもの

Iタイプの人がアウターを選ぶときは、ウエストを感じさせる曲線的なシルエットを意識しましょう。ジャケット、コートは肉厚なものを。

ジャケットはウエストシェイプされたもの、ベルト付きのものがおすすめです。着丈は身長に応じて、ヒップラインの少し上か下に。

コートは、トレンチやラップコートのようにウエストを絞るタイプのものがよいで

ベルト付きトップスでウエストマークするのもおすすめ

ペプラムトップスは、Iタイプのボディにくびれを作ってくれるアイテム

袖は、タイトフィットよりゆとりのあるものを選ぶと体に丸みが出ます

しょう。極端に直線的なシルエットでなければ、裾に向かって自然に落ちるようなストレートコートも長い脚に映えておすすめです。

●おすすめのボトムス…曲線的なシルエット・ボリュームがあるもの

Iタイプの人は、基本的にどんな形のパンツでもOKです。ただし、ローライズはくびれのなさが強調されやすいので注意。カーゴパンツやバギーパンツのようにブカブカしたものも、せっかくの脚が短く見えてしまうことがあります。

スカートは、Iタイプのボディラインに曲線を作り出せるアイテムです。プリーツやAライン、フレアスカートなどはヒップにボリュームを与えてくれます。ふわっとしたトップスをインしてウエストを強調するとよいでしょう。

ワンピースの場合、基本的にはウエストで絞るものがおすすめです。ストンとしたシルエットのワンピースを着たいときは、ウエストにポイントデザイン、またはギャザーがあるものを選ぶとウエスト周りにメリハリが出ます。

Ｉタイプのボディに曲線を作るため、コートはウエストを強調したものを

上下にボリュームがあり、ウエストを引き締めたワンピースはＩタイプにおすすめ

広がるスカートでヒップにボリュームを。上半身とのバランスも意識して

TYPE
Y

逆三角形の特徴
INVERTED TRIANGLE

・肩幅が広い　・がっちりして見える
・ウエストより下の肉付きが少ない

ウエストよりも肩幅のほうが広く、アルファベットの「Y」や逆三角形に見えるシルエットの持ち主です。肩幅が目立つのに対してお尻は小さめで、脚は細く長い人が多く見られます。重心が上半身のほうに寄っているYタイプの人は、視線が下半身に向くようにしてバランスを取りましょう。暗い色のトップスに明るい色のボトムスを組み合わせる、大きな柄物はボトムスに取り入れるといったカラーテクニックは、おすすめです。

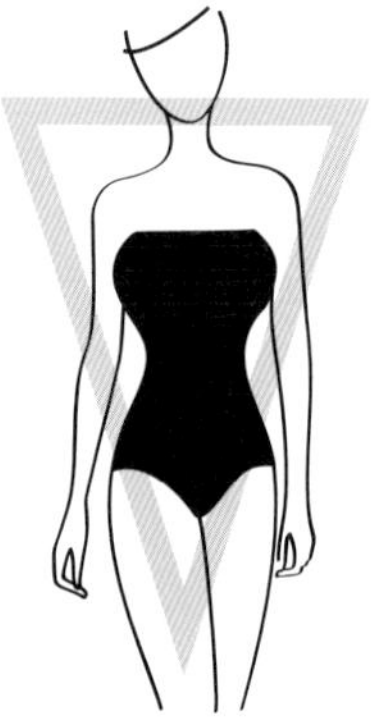

おすすめは…「シンプルトップス×ボリュームボトムス」

上半身はシンプルにまとめ、下半身にボリュームをもたせることを意識しましょう。トップスは無地の濃色で、Vネックやカシュクールなど縦長効果のあるデザインがおすすめ。ボトムスはフレアスカートやワイドパンツなど、裾に向かってボリュームの出るものがよいでしょう。さらにベルトなどでウエストを締めれば、自然なメリハリシルエットが作れます。

NGは…「横幅を強調するトップス」

避けたいのは、上半身と肩幅を強調するトップス。厚手のニット、太いボーダー柄、ボートネックやオフショルダーなどは要注意です。
また、スキニーデニムや裾に向かって細くなったパンツなども、下半身のボリュームを減らして上半身を強調してしまうので、避けたほうがよいでしょう。

Natural
STYLE
Elegant
STYLE
Mode
STYLE

TYPE Y

おすすめのシルエット

Yタイプの人におすすめのシルエットを紹介。
服選び、着こなしのイメージづくりに役立ててください。

TOPS

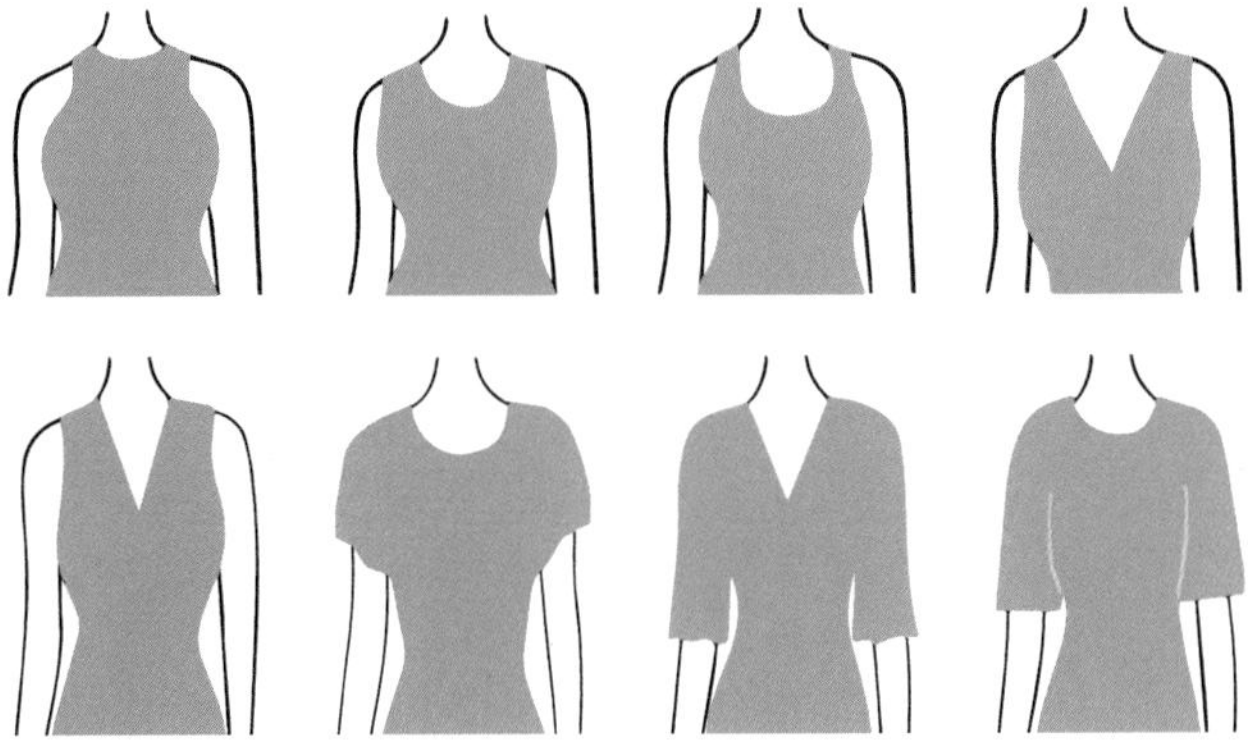

OUTER

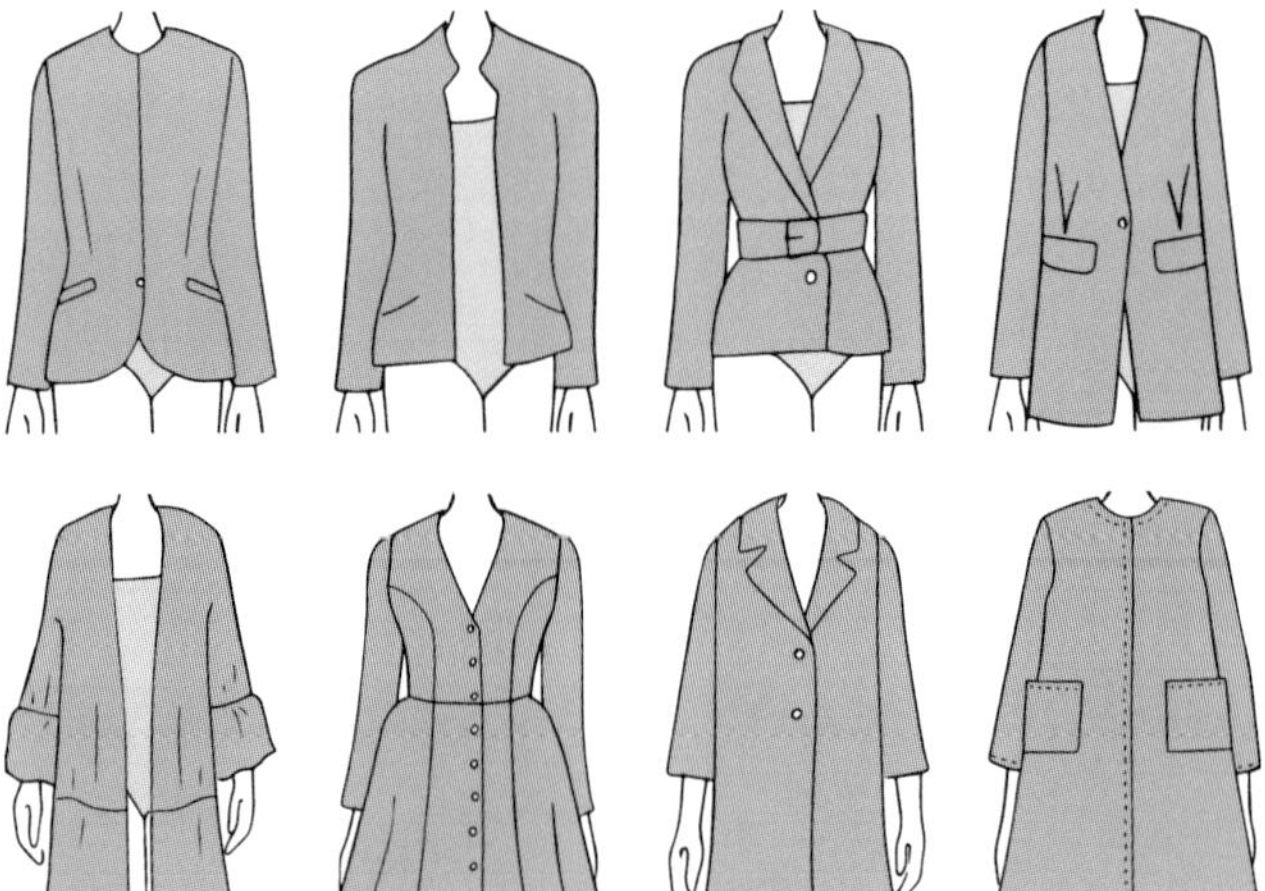

BOTTOMS

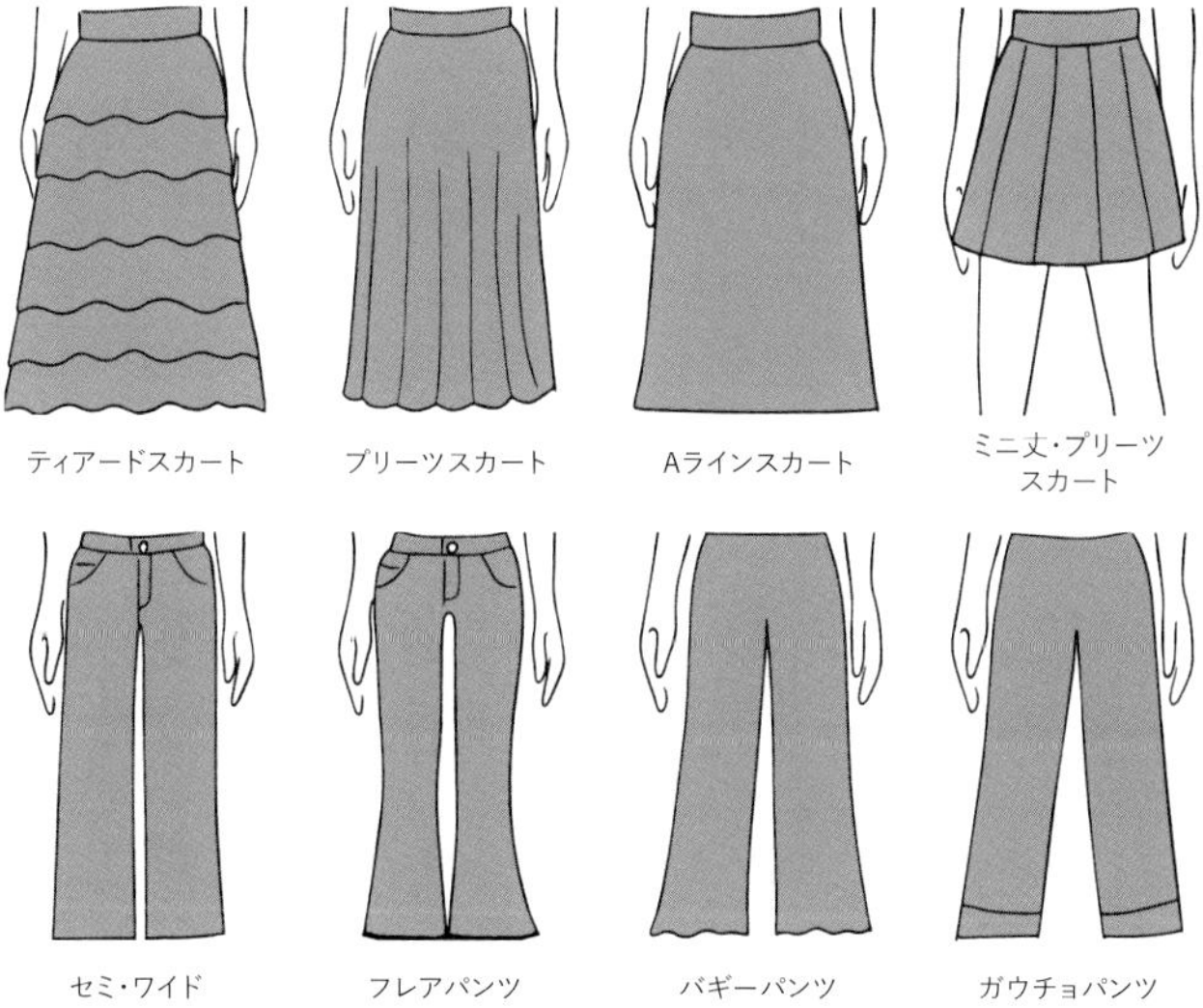

ONE PIECE

代表的なアイテム

●おすすめのトップス…シンプルなデザインがベスト

Ｙタイプの人のスタイリングは、肩幅から視線を遠ざけることにかかっています。そのため、トップスはシンプルに抑えるほうがよいでしょう。デザインにはあまり凝らず、特に肩周りや胸元に飾りが付いたもの、襟が大きいものは控えて。ネックラインは幅が狭く深いＶネックやＵネックがおすすめです。

ニットは厚手のざっくりしたものより、しなやかなハイゲージのものを選ぶと上半身のボリュームを抑えられます。

●おすすめのアウター…肩を目立たせずにバランスを取る

Ｙタイプの人におすすめのアウターは、ウエストから下にボリュームがあって肩幅を抑えられるもの。ジャケットなら長め丈のストレート、またはウエストがシェイプされて裾が広がっているものなどがよいでしょう。

コートは、なるべく襟や肩が目立たないものを選びましょう。シングルブレストのロングコート、ノーカラーコート、肩のラインが丸いコクーンコートなどは着やすいデザインです。大きな襟のラップコートや、ボタンが目立つものは避けてください。

トップスはなるべくシンプルにして、上半身のボリュームを抑えます

ワンピースも裾に向かってふわっと広がるタイプを選んで

シングルブレストのシンプルなコートは、上半身を強調しないので◎

●**おすすめのボトムス**…下半身にボリュームをプラス

Yタイプの人には、ボリュームのあるパンツがおすすめです。

バギーパンツやワイドパンツ、サルエルなどは上半身とのバランスを取るのに役立ちます。

デニムの場合はスキニーよりもストレート、ワイド、ブーツカットなどゆとりのあるものを選びましょう。

スカートも、プリーツやAラインなどふわっと広がるタイプがおすすめ。

たとえば、シンプルなVネックのニットに、ボリューム感のあるギャザースカートなどの組み合わせは、全身のバランスが整いやすいコーディネートです。

逆に、ペンシルスカートやニットスカートは、下半身を細らせてしまうので控えましょう。

ふんわり広がるタイプのスカートで、
上半身とのバランスを取って

パンツは、下半身にボリュームが出る幅広のタイプがおすすめ

TYPE

O

アップルの特徴

APPLE

・体の中央にボリュームがある
・バストが大きめ　・手足が細く見える

体の中央部にくびれがなく、アルファベットの「O」、またはリンゴのように見えるタイプです。ほかのボディタイプの人でも、年齢を重ねたり体重が増えたりするとOタイプになることがあります。全体的にふっくらした印象を持たれがちですが、腕と脚は細長い人が多いのもOタイプの特徴です。おなか周りのボリュームを抑え、代わりにバストや腕・脚を強調して全身のバランスを整えましょう。引き締めカラーや縦長ラインなどの視覚効果もうまく使うのが◎。

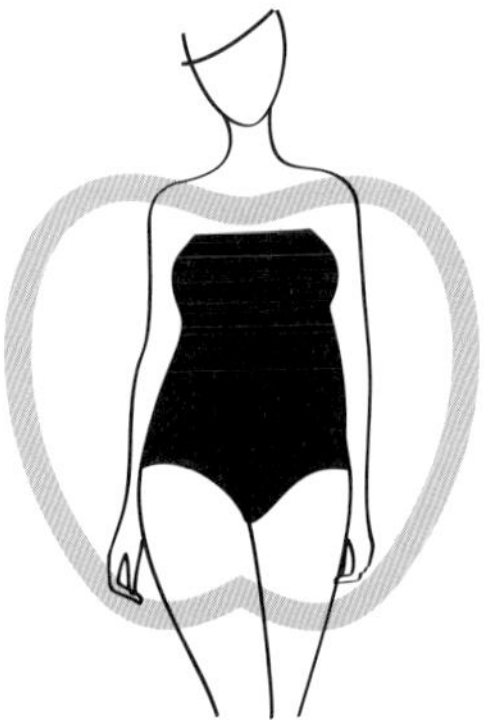

おすすめは…「下半身コンシャス」

Oタイプの人は上半身に重心があるので、下半身に視線を集めてボリュームをコントロールすると効果的です。スカートやスキニーデニムで脚を強調したり、ボトムスに明るい色を使ったりしてみましょう。また、Oタイプの人の多くは平均～大きめのバストサイズなので、正しいサイズのブラでバストをしっかり支えることも重要です。一度は店頭できちんと測ってもらいましょう。

NGは…「ダブダブ・締め付け」

おなか周りを隠すためにゆったりした服を選びがちではないでしょうか？でも、あまりにサイズが大きすぎるとおなか周りがもっと大きく見えてしまいます。反対に、ベルトやコルセットなどで体を締め付けるのもNGです。体に食い込んで、かえってボディラインがきれいに見えない場合があります。それよりも、視覚的な効果を使ってバランスを取ることを意識しましょう。

Natural
STYLE
Elegant
STYLE
Mode
STYLE

TYPE

O

おすすめのシルエット

Oタイプの人におすすめのシルエットを紹介。
服選び、着こなしのイメージづくりに役立ててください。

TOPS

OUTER

BOTTOMS

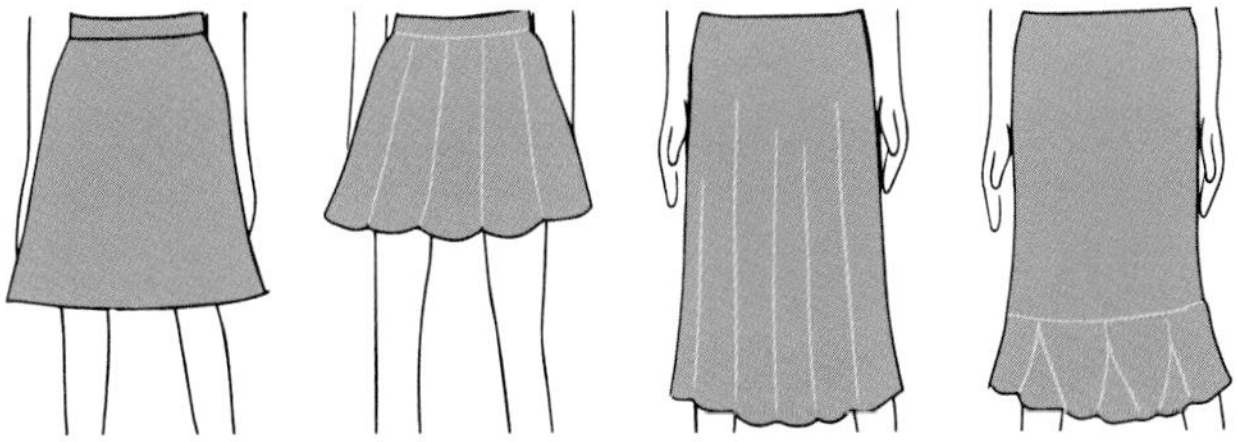

ひざ丈・Aラインスカート　ミニ丈・プリーツスカート　プリーツスカート　マーメードスカート

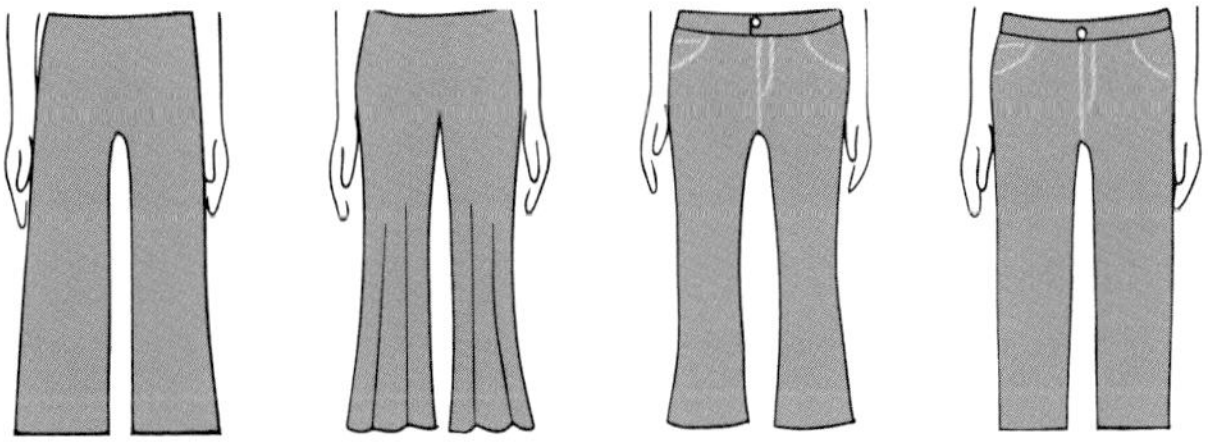

ワイド　ワイドレッグパンツ　ブーツカット　ストレート

代表的なアイテム

ONE PIECE

●おすすめのトップス…柔らかい生地で胸元は広く開ける

Oタイプの人におすすめのトップスは、ストレートかAラインのシルエットのふわっとしたもの。素材は、パリッとしたコットンや体に張りつくストレッチ素材より、柔らかく流れるような生地がおすすめです。

ネックラインは、大きめに開いているものを選んで。胸元がきれいに見えて、かつ視線を体の外側に向かせるので、おなか周りを目立たせない効果があります。具体的には、幅広のVネックや深いVネック、Uネックなどがよいでしょう。

縦長のスッキリラインが作れるロングジレは、濃い色を選ぶと引き締め効果も得られます。

●おすすめのアウター…ジャケットの丈は長めに

ジャケットは、細長いV字ラインがOタイプのボディに縦長効果を与えてくれるアイテム。シングルボタンでストレートのほか、裾が広がったペプラムやAラインのもの、あるいはボタンのないオープンタイプのソフトジャケットもおすすめです。いずれも丈は長めがよく、腰骨か太ももの上あたりを目安に選びましょう。

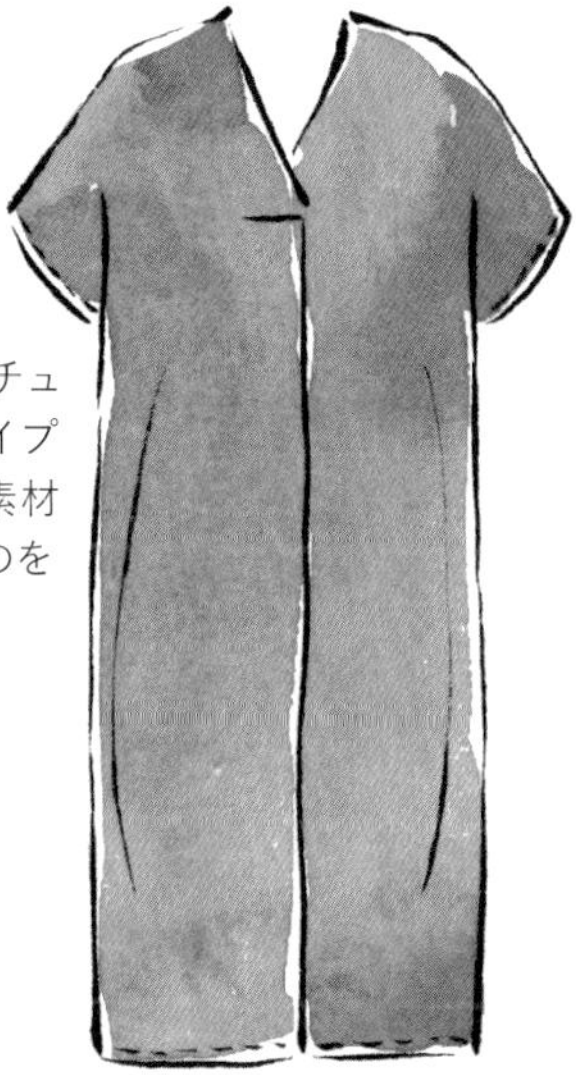

ストレートなチュニックもOタイプにおすすめ。素材は柔らかなものを

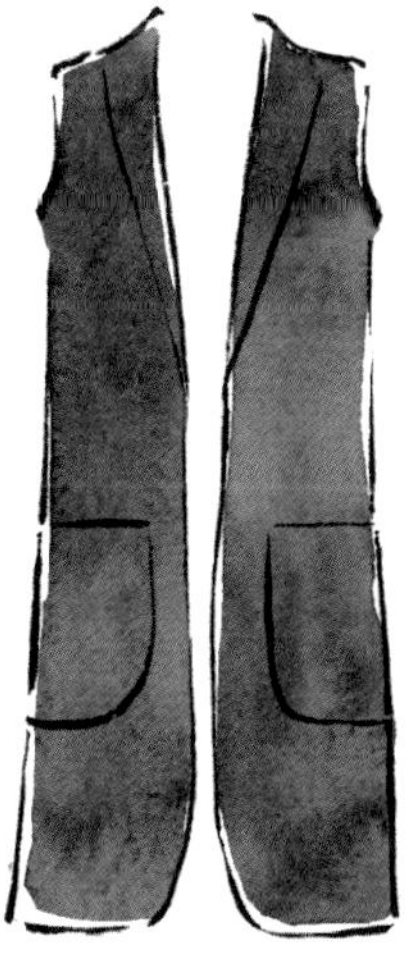

ロングジレは、Oタイプのボディに縦長ラインを作ってくれます

おなか周りを自然にカバーするには、トップスの裾を絞らないのがコツ

コートも、ボタンのないオープンタイプ、ストレートやAラインのシルエットがおすすめです。ベルト付きのラップコートの場合は、ベルトが当たる位置に注意しましょう。おなかやバストが極端に強調されず、柔らかい生地のものならOKです。

●おすすめのボトムス…脚長効果を活用

Oタイプの人がパンツを選ぶなら、フロントやウエスト、ヒップに飾りが付いていないものがおすすめ。シルエットはストレートやワイドで、丈はフルレングスにすると縦長ラインを強調できます。デニムも、ストレートやワイド、ブーツカットで、濃い色のものがよいでしょう。スキニーは脚のラインを強調できますが、かえっておなか周りが目立たないように、トップスの丈感でバランスを取りましょう。

スカートは膝丈～ミニで、思い切って脚を出すのがおすすめ。Aラインやフレアなど、ボリュームが出すぎず適度なゆとりがあるものがよいでしょう。タイトスカートの場合は、ヒップから下がストレートで裾に向かって細くなっていないものを選んでください。

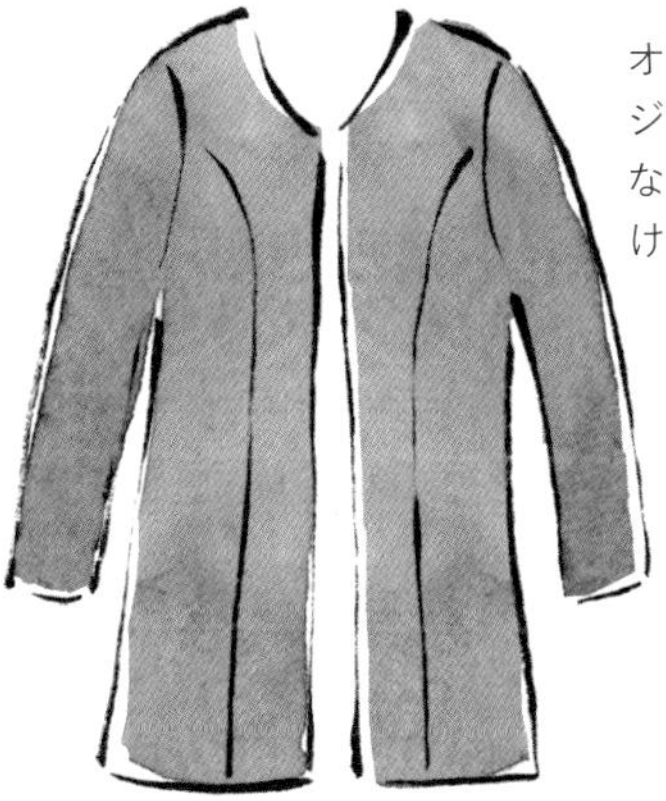

オープンタイプのジャケットなら、おなか周りを締め付けません

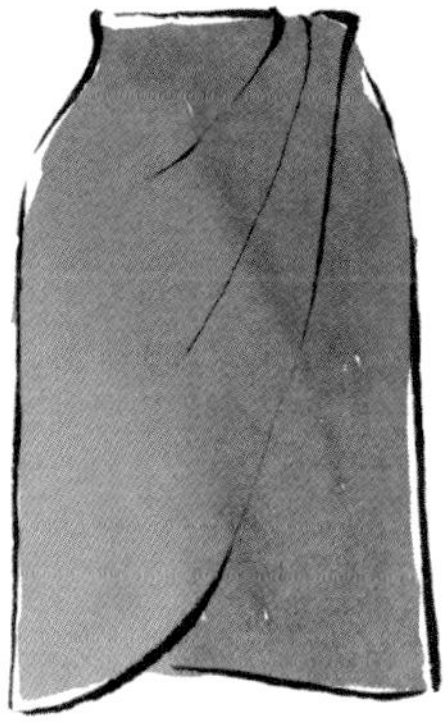

スカートはボリュームが出すぎない形のものを選んで。丈は短めも◎

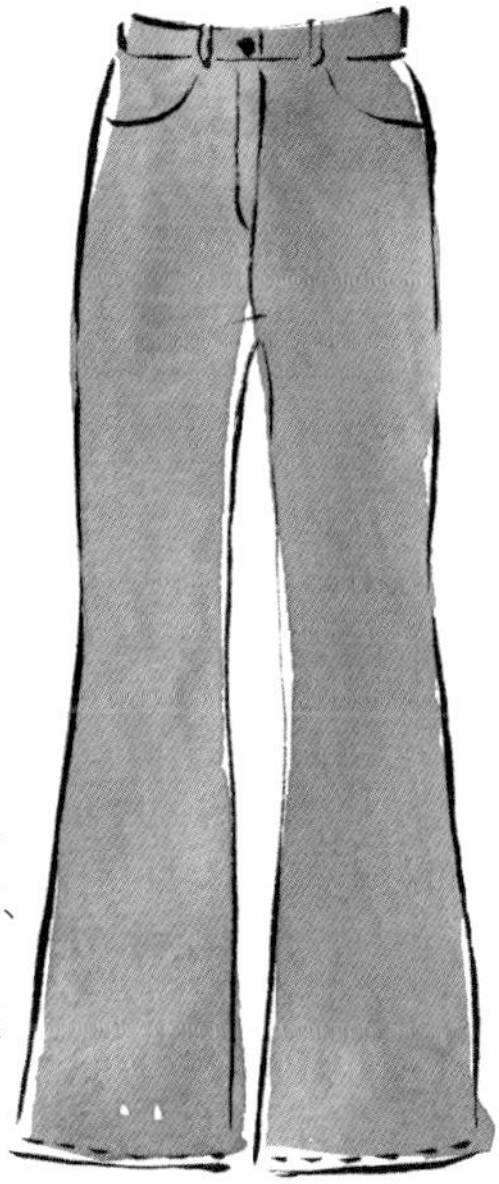

裾で広がるブーツカットデニムは、肩幅とおなかとのバランスを取ってくれます

TYPE

A

洋ナシの特徴
PEAR

・華奢な肩　・上半身の厚みが少ない
・お尻から太ももにかけてボリュームがある

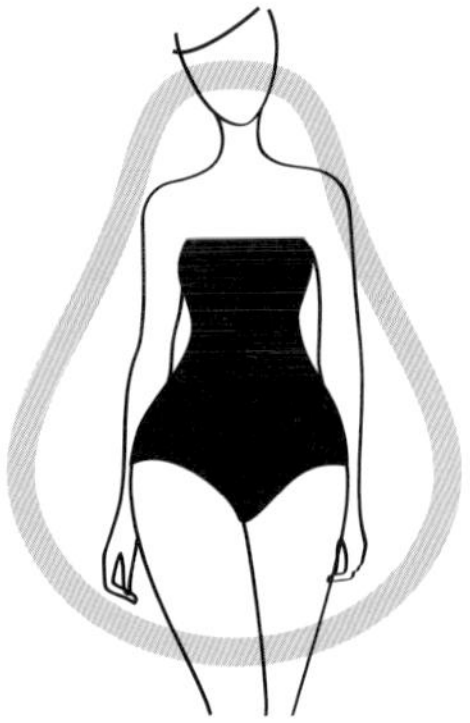

肩幅よりヒップの幅のほうが広く、アルファベットの「A」、または洋ナシのように見えるシルエットの持ち主です。YタイプやOタイプとは逆に、重心が体の下のほうにあります。
そんなAタイプの人が意識したいスタイリングの目標は、「上半身とのバランスを取ること」そして「快適なボトムスを見つけること」です。
上半身にはボリュームを加え、ボトムスはヒップや太ももの張りが目立たないものを選びましょう。

おすすめは… 「ボリューム袖」

なで肩が多いAタイプの人には、ボリュームのある袖、肩周りにフリルやギャザーが付いたものなど、上半身の幅を広げてくれるトップスがおすすめです。下半身とのバランスが取れるうえ、ウエストもくびれて見えます。
また、下半身に重心を集中させないためには、バストの高さを整えることも大切。補正効果の高いブラを選ぶほか、普段の着け方も見直してみましょう。

NGは… 「ボリュームボトムス」

白いボトムスなどは、ヒップや太もものボリュームをより強調してしまいます。大きなプリント柄、目立つポケットなどにも注意しましょう。
また、たとえ引き締め色であっても、テーパードパンツなど、ヒップ周りを目立たせる形のボトムスは控えたほうが無難です。

Elegant
STYLE
Natural
STYLE
Mode
STYLE

TYPE A

おすすめのシルエット

Aタイプの人におすすめのシルエットを紹介。
服選び、着こなしのイメージづくりに役立ててください。

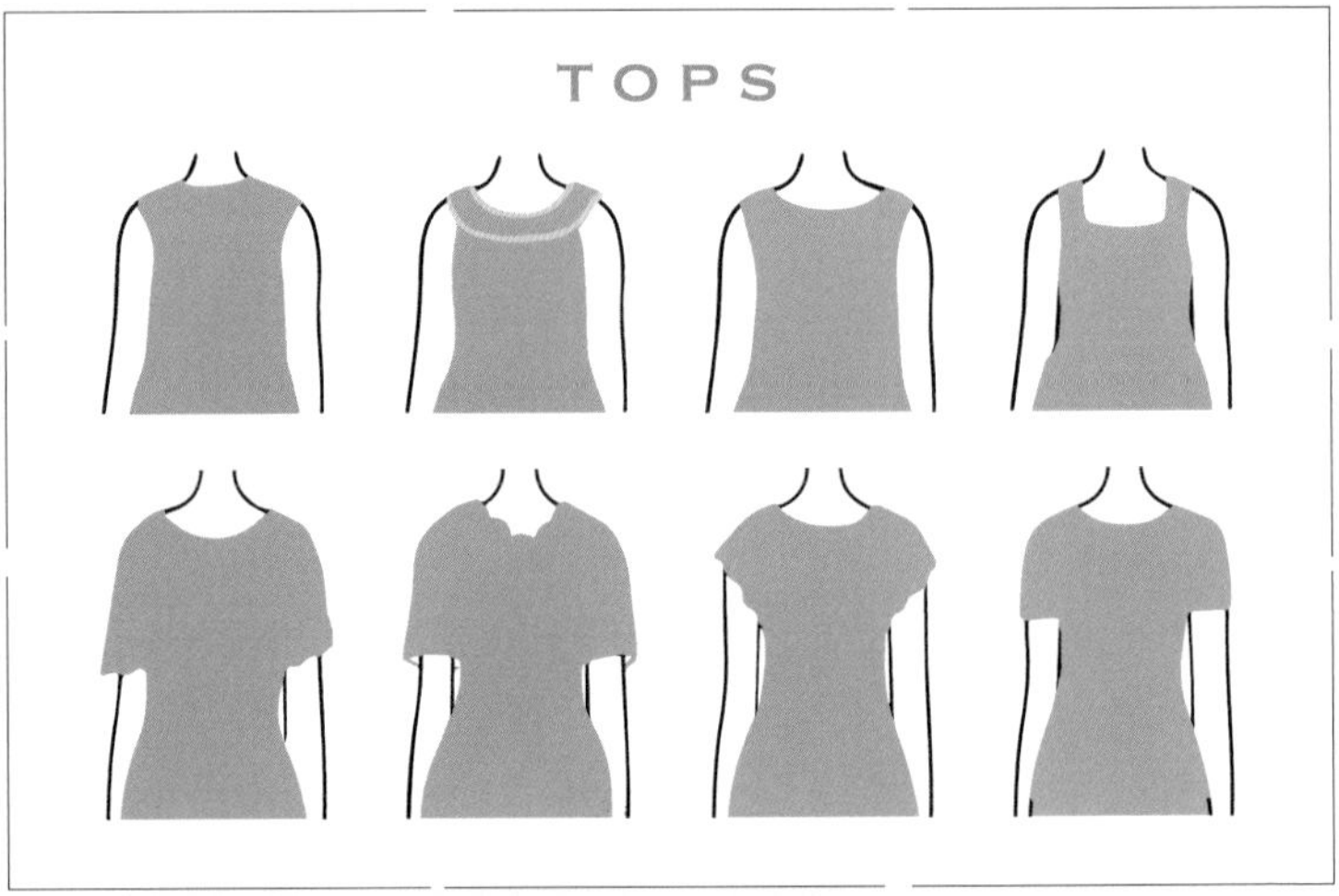

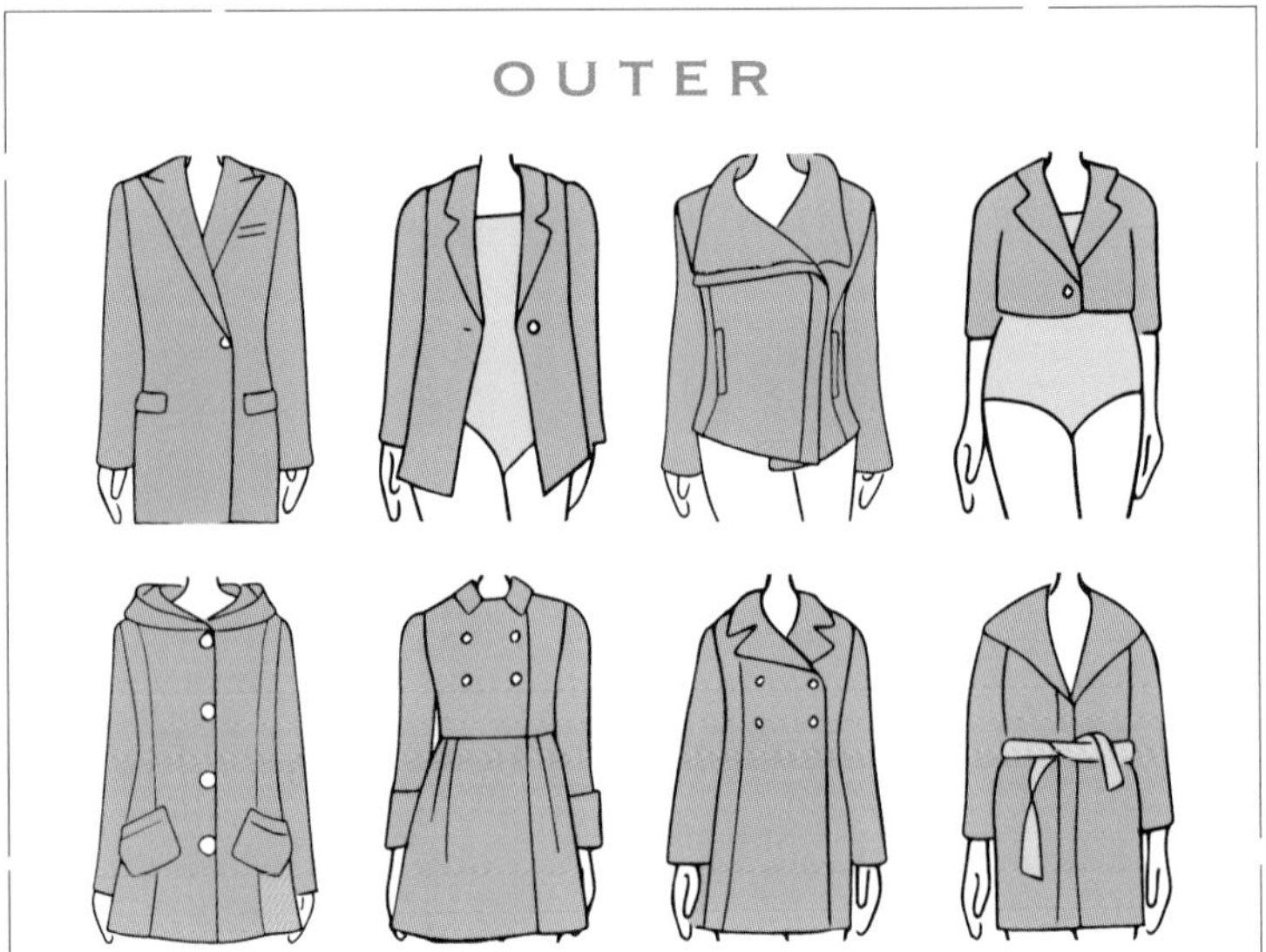

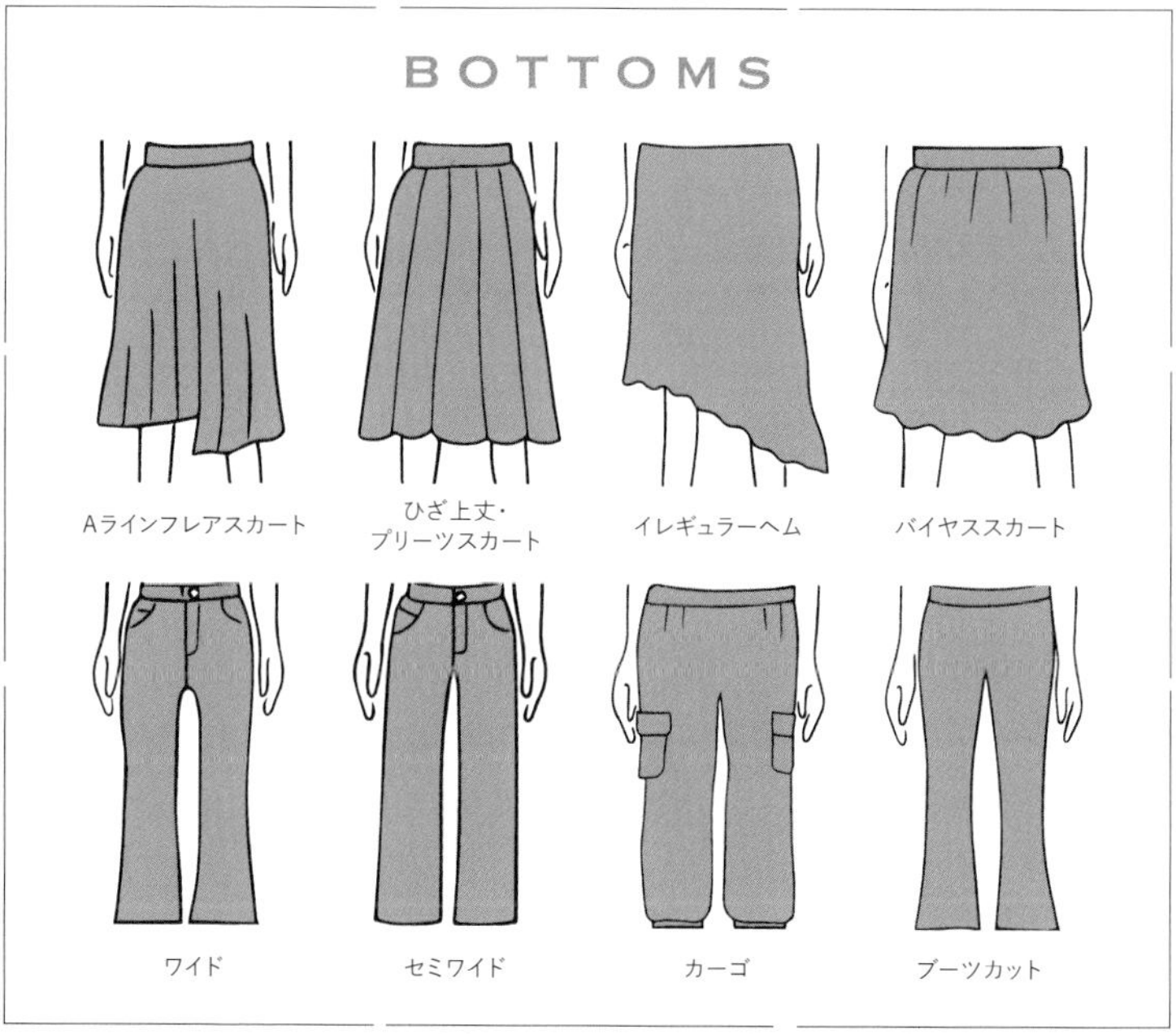
BOTTOMS
Aラインフレアスカート
ひざ上丈・
プリーツスカート
イレギュラーヘム
バイヤススカート
ワイド
セミワイド
カーゴ
ブーツカット

代表的なアイテム

ONE PIECE

●**おすすめのトップス**…上半身に横幅をプラス

おすすめは、ボリューム袖やパワーショルダーなど、上半身に幅を出してくれるもの。ほかにオフショルダーやボートネックなど、首元の幅を広げるネックラインもおすすめです。小柄なAタイプの人なら、タートルネックで首にボリュームを付けてもよいでしょう。裾を出して着る場合は、ヒップの下からひざ上ぐらいのやや長めのものを選ぶのがベスト。ただ、イラストにあるようなボリュームトップスの場合は、幅が出ているので短めの裾のものを選ぶほうがバランスが取りやすいでしょう。ジレもおすすめです。細い襟が付いたジレなら上半身に目がいくので◎。オープンタイプで、お尻が隠れるものを使いましょう。ボタンが付いているジレはボタンを留めないこと。ヒップ周りの大きなシルエットが目立ちます。

●**おすすめのアウター**…重心が下がらないように注意

ジャケットを選ぶときは、肩と着丈に注意しましょう。肩はパッドなどでラインがしっかり作られているもの、着丈はジャストウエストか、太ももの真ん中くらいまである長いものがおすすめです。ヒップのいちばん広い部分に裾が当たるものは、下半

上半身が細いAタイプは、オフショルダーやボリューム袖で横幅をプラス

襟幅が広いコートは、Aタイプの上半身にボリュームを与えてくれます

ジャケットは着丈にこだわって。ジャストウエストか、太ももの中間くらいが◎

身が強調されてしまうので要注意。

コートの場合はお尻の真下か、太ももの真ん中くらいの着丈が着こなしやすいでしょう。ベルトでウエストマークするラップコートやトレンチコートのほか、Aラインのコートもおすすめです。直線的なコートの場合、ヒップだけぴったりで上半身は余っている感じにならないように注意しましょう。

●おすすめのボトムス…特にバランスが重要なアイテム

Aタイプの人にとって、ボトムス選びはスタイリングの要。パンツはヒップから下に向かってまっすぐ落ちるストレートか、ゆるやかに広がるワイドが適しています。丈は、縦長効果を出せるフルレングスがおすすめ。デニムの場合、ローライズはヒップの幅を強調するので、ハイライズかミッドライズを選んで。デニムは素材とつくり上、体のラインを拾いやすいので、はくときは上半身にボリュームをもたせるのがポイント。タイトなトップスと組み合わせてはくとヒップ周りが目立ってしまいます。

スカート丈は、膝上〜すねの真ん中あたりまでがベスト。ミニはヒップの横幅が強調されやすく、床につくほどのロングは下半身にボリュームが出てしまいます。

Aラインや台形スカートは、腰周りにボリュームが出ないのでおすすめ

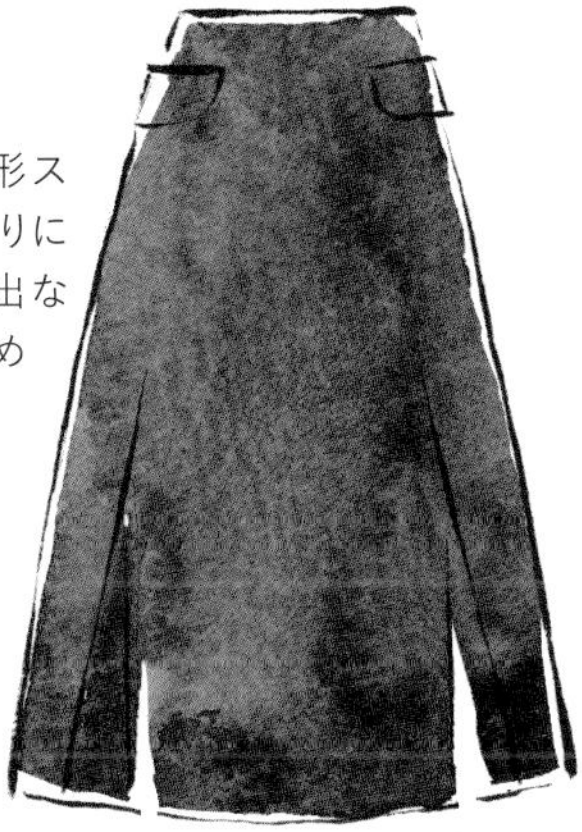

裾が斜めになったアシンメトリースカートも、腰周りから視線を外せます

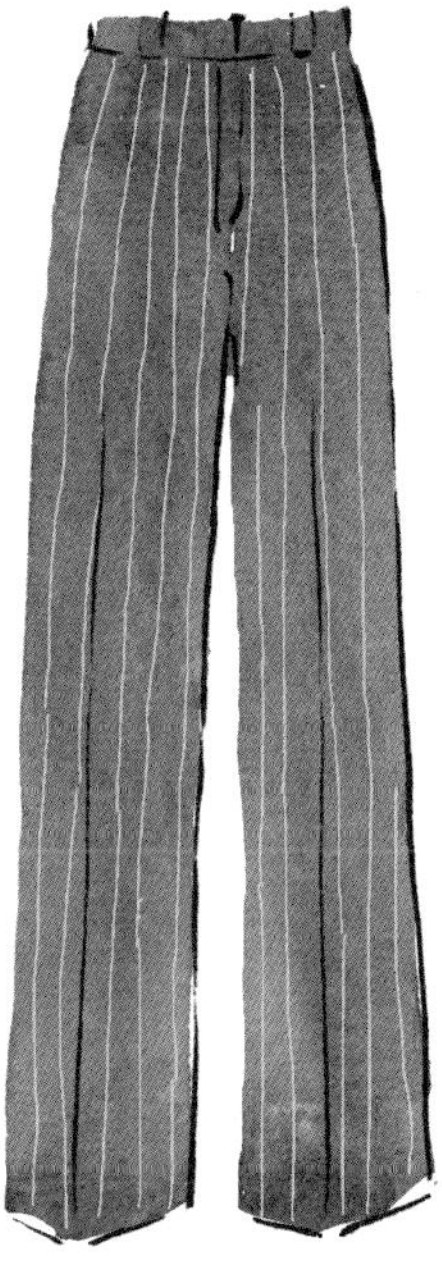

Aタイプの下半身をスリムに見せるパンツは、ストレート〜自然なワイド

体型診断はあくまで「目安」

ボディタイプ診断は、いかがでしたか？　ここでご紹介した診断は、あくまで「着たい服を自分に似合わせる」ためのちょっとした知識であり、目安です。決して各タイプですすめられた服しか着てはいけないという「縛り」ではありません。

Ｄａｙ１でお伝えした基本「服とは、なりたい自分になるためのツールである」ということを理解して頭に入れておいてくださいね。これを忘れてしまうと、どうしても「診断に依存する」「診断に振り回される」という状態になってしまいます。

「骨格診断では『ウェーブだからフェミニンなものが似合う』と言われたけれど、顔タイプ診断では『クールカジュアル』と言われて、どちらを選べばいいか困ってるんです」

「私はフェミニンなものが好きなんですけど、骨格診断では『ナチュラルだからカジュアルなものが似合う』と言われたので、そちらを着たほうがいいんでしょうか？」

これらは、典型的な「診断迷子」の例です。こうなってしまわないように、ファッションの本来の目的をしっかり心に留めておいてくださいね。

とはいえ、服を選ぶときに「私の体がきれいに見えるのはどっちの服だろう」「迷ったときはやっぱり診断に従うべき？」などと、悩んでしまうことはあると思います。

こんなとき、私の答えはただひとつ。

「あなたが好きなほうの服を着てください」

以上です。そんな適当な……と思われたでしょうか？

でも、私がこう言うのには、ちゃんとした2つの理由があるのです。

診断では「○」の服でも、気分が上がらなければ「×」

私が「好きなほうの服を着てください」と言う1つ目の理由は、その服が「なりたい自分」のイメージに合っているかどうかと同じくらい、「その服を着て気分が上がるか」ということも大事だからです。

「気分が上がる」というのは、着ると自然に笑顔になってしまって、体の中からパワーが湧き上がってくるような感覚のこと。

この感じは、服飾戦略スタイリングをさせていただいたお客様を見ていると本当によくわかります。試着室から出てきたときのお顔が、さっきまでとまったく違うのです。目がキラキラ、口角も上がって、表情に自信が満ちあふれています（特に男性は素直なので、鏡の前で無意識にポーズを決め始める方も）。あなたも、店頭で試着してみた服が思いのほかしっくりきて「このまま着て帰ります！」と言いたいほど気に入ってしまったことはありませんか？

そのくらい気分が上がるなら、ちゃんと自分の体が素敵に見えていて、かつ「なりたい自分」にもなれているということなので、まったく問題ありません。

逆に、診断上で「おすすめ」とされている、あるいは店員さんに「お似合いですよ」とすすめられた服でも、自分がどこか納得いかない場合は買わずにおきましょう。

そういう服を無理に着ても気分が乗ってこないので、なりたい自分にもなりきれませんし、行動力もダウンしてしまいます。

ただ、私がこんな風にわざわざご説明しなくとも、あなたも自分が好きなほうの服を着ていませんか？

私のもとに来られる生徒さんも、診断を受けたものの「似合うと言われた服」ではなく、好きなほうの服を着ている方が、ほとんどです。すすめられてカジュアルな服を買ってみても、本当はエレガントなものが好きな人にとっては、落ち着きません。

本当は好きでもないものを「理屈」で無理に買っても、結局着なくなるものなのです。

それなら、素直に「好きを優先」でいきましょう！

「好き」は正解を教えてくれるアンテナ

2つ目の理由は、「好き！」という瞬間的な感覚が、あなたにとって最も正確でもあるからです。

厳密に見れば、人間は一人ひとりが違う体型をしています。ですから、体型診断でタイプ分けしようとしても「当てはまらない特徴がいくつかある」とか「複数のタイプが混ざっている」といったように、割り切れない部分が出てくるのも当然なのです。

そういう場合は、ともかく試着してみて「こっちが好き」と自分が感じたほうの服を着るのが正解です。自分の体がなんとなくきれいに見えて、「いいかも……！」と思うからこそ「こっちが好き」と感じているのです。その感覚を信じれば間違いありません。ココは頭で考えすぎないこと！

似合うか否かビクビクするくらいなら、気持ちいい服、好きな服を着てください。人生の主役はあなたです。自分が好きなほうの服を選ぶことに、どうかためらわないでくださいね。そして、だからこそ、他人のファッションも批判しないことです。

ワーク　自分の体型を研究しましょう

先ほどご紹介したボディタイプ診断を参考に、自分の「診断書」を作ってみましょう。

このワークでは、写真共有サービス「ピンタレスト（Pinterest）」を使います。スマホやタブレットにアプリをインストールするか、パソコンでピンタレスト（https://www.pinterest.jp/）にアクセスしてください。

ピンタレスト
QRコード

1 ボディタイプ診断で自分の体型を調べ、その体型に関する画像をピンタレストで検索します。

〈例〉rectangle body shape outfit

ポイントは、英語で検索すること。P62と、各診断の特徴のページに英語表記を書いておきましたが、タイプXはhourglass、タイプAはpear、タイプOはapple、タイプIはrectangle、タイプYはinverted triangle。日本語で検索するよりも、はるかに豊富な検索結果が出てきます。

着たい服のテイストが決まっている場合は「hourglass body shape casual」とか、ぽっちゃりしている方は「apple body shape outfit plus size」など、必要に応じて検索ワードをいろいろ変えてみましょう。

2 検索結果から、なるべく情報が充実していそうなピンを選びます。

フォロワーが多い投稿者（1万人以上が目安です）は、プロのスタイリストやイメージコンサルタントである場合が多いのでおすすめ！

3 ピンをクリックして、リンク先の記事に飛びます。

リンク先では、投稿者が各体型のおすすめアイテムや着こなし方について詳しく解説してくれているはず。ブラウザで日本語に翻訳すると、英語の記事でも簡単に読めますよ。

4 これらのピンを参考に、あなたの「診断書」を作りましょう。

自分の体型にはどういうアイテムや着方が似合うのか、自分なりにまとめてみてください。夏休みの自由研究のつもりで、楽しくトライしてくださいね。

完成した診断書は、あなただけのファッションガイドになります。お買い物のときなど、服選びの参考になるでしょう。

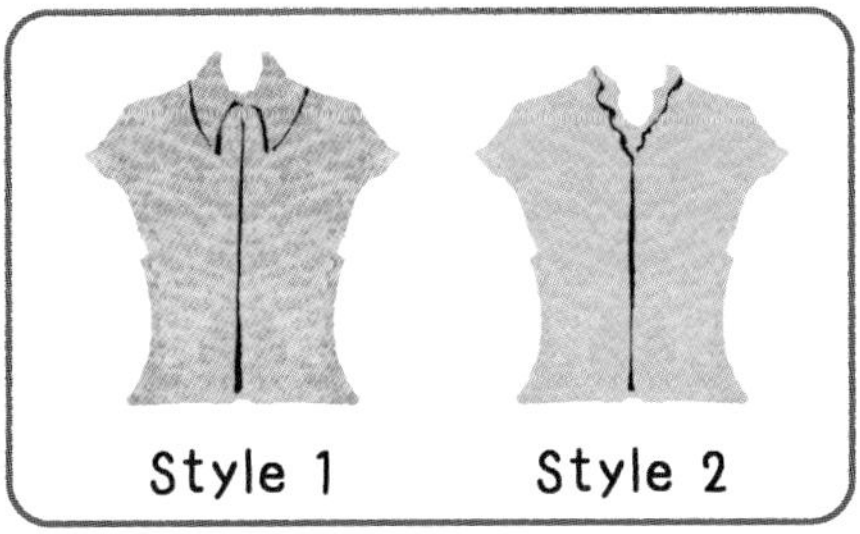

Pinterestで集めた「自分の体型に似合う洋服画像」「お気に入りのイメージ画像」をまとめてみましょう。それがあなただけのファッションガイドになります。

Day 2

まとめ

「なりたい自分」になるには、体がきれいに見える服の形を知っていると有利

……だから、自分の体型を把握しておこう

体型診断はあくまで「目安」

……診断通りの服を着ることが目的ではなく、「なりたい自分」になることが目的

「Pinterest」を英語検索で使いこなそう

……ボディタイプ診断は世界中で使われている体型診断法。ピンタレストで英語検索すれば、自分の体型に合うファッション情報を世界中から集められる！

Day 3

全体の印象を左右する
「色」の使い方を学ぶ

3日目の講座へようこそ！
今日のテーマは「色」です。
「組み合わせ方がわからない」「いつも同じ色ばかり買ってしまう」
など、色に関するお悩みは多いもの。
ですが、色に関する「縛り」をいったん外して自由になると、
ワクワクしながら楽しく服を選べるようになりますよ。

服選びにカラー診断は無用！

2日目の講座では体型診断のお話をしましたが、色にも診断があります。

今や「パーソナルカラー診断」は常識のようになっていて、今ではSNSの自己紹介代わりに「私はイエベ」「私はブルベ」と言っている人もいますね。

ですが、服を選ぶときにはこうしたカラー診断の理論を気にする必要はありません。

なぜかというと、カラー診断は基本的に「首の真下にある色があなたの顔色をきれいに見せてくれるか否か？」を調べる診断だからです。


ファッションの目的は、単に顔色をよく見せることではありませんよね。

「こんにちは」と相手の前に現れたときの姿がどういう印象を与えるか、が最も大切。

第一印象は色で決まる、と言っても過言ではありません。ですから、最も面積が広く全体の印象を左右しやすい、服の色のことを優先的に考えていいと私は思います。

もちろん「顔映りがよい、悪い」という現象は実際にありますが、顔に映り込んで大きく影響するのは首の真下の色と、髪色、わずかに影響するのが瞳の色です。気になるなら首元にスカーフやストールを巻いたり、デコルテが大きく開いたデザインを選んだりすれば簡単に解決できます。

カラー診断は海外の人のためのもの

最初にこのお話をしたのは、「カラー診断が気になって着たい色を着られない」というお悩みはよくあるものの、それは自ら「ファッションの可能性＝なりたい自分になれる可能性」を、半減させているのと同じだとお伝えしたかったからです。

そもそもカラー診断とは、アメリカで生まれたものです。

ありとあらゆる肌・髪・目の色をした人たちが歩いているアメリカのニューヨーク5番街で、あなたがTシャツ専門店の店長として働いていたとしましょう。

扱うTシャツの色は30色あります。すると店長のあなたに、チョコレート色の肌をしたエイミーという女性客がこう言いにきました。

「この店の販売員はどうなってるの？　私に似合うTシャツの色は何色か聞いたら、あの販売員は『こちらが似合います』、ほかの販売員は『こちらがお似合いです』って、すすめてくる色が全部違うのよ！　私はいったいどの色を着ればいいの？」

さあ、あなたなら何と答えますか？

100人いたら、それこそ100通りの肌色と髪色をしたお客様が来店する店では、何か基準を作らなければお客様に最善のアドバイスができませんよね。

そこで、あらゆる肌色や髪色の人たちがそれぞれに似合う色を選びやすいように作られたのが、カラー診断の理論なのです。

もし私たち日本人がニューヨーク5番街のTシャツ専門店に行ったなら、店員さんは間違いなく私たちを「全員イエベ」と判断するでしょう。世界的な目で見れば、日本人の肌色はみんな同じに見えるくらい大差がないからです。

そんな私たちに、世界中の肌の色を基準に誕生したカラー診断の理論を当てはめる必要性は、果たしてどれほどあるだろう……と、私は思っています。

実際にスタイリングのお仕事の中で、カラー診断でお困りのお客様の「縛り」を外して、結果的にとても喜んでいただけたことがあります。

そのお客様はある企業の女性社長で、前に依頼したスタイリストから「カラー診断はイエベのスプリング、顔タイプ診断はキュートタイプ、骨格診断はナチュラル」と言われていました。「ですから、この診断結果以外の服は着ないでくださいね」とアドバイスを受け、その通りのファッションにしてみたものの、「これだと一企業を担う社長としてのイメージづくりが思うようにいかないんです」と悩んでいたのです。

そこで私は「診断のことはいったん全部忘れましょう！　いちばん大切なことは、ビジネスで有利に働くファッションを身につけていること」と、なりたいイメージを改めて整理し、　　からスタイリングを行いました。

企業のコーポレート・カラーのネイビーをポイントに、知的でクールなスッキリとしたデザイン、素材は上質で気品あふれる光沢を意識し、誰が見ても社長とわかる存在感を演出しました。すると、「こんな服は初めて着たけれど、しっくりきます！」と、ご本人は満面の笑顔。そのときのコーディネートでファッション誌に登場したところ、「『なんて上品で華やか。さすが〇〇の社長ですね』と、多くの方から大絶賛されました」と、うれしい報告が届きました。

多様化によって曖昧になったカラー診断

現在、カラー診断の基準はかなり曖昧になってきているようです。

パーソナルカラー診断を深く考察し、「色」の歴史を遡《さかのぼ》ると、ニュートンの『光学』、ゲーテの『色彩論』を起点としています。そして、今では幅広く認知されている「ブルーベース／イエローベース」の考え方については、１９２８年アメリカでロバート・ドア氏が配色調和・不調和の原理を発見したことに始まります。

その流れを受けた、日本のパーソナルカラーの創成期は１９８０年代です。当時、パーソナルカラーに関心を持った人々が渡米してパーソナルカラーを学び、日本に持ち帰って次々と独立し、活躍するようになったのです。

やがてそこに日本の化粧品メーカーも参入し始め、他社との差別化を図るためにカラーパレットの分け方を変えたり、名称を変えたりと独自性を打ち出していった結果、診断基準にはしだいに統一感がなくなりました。

ですから現在は、診断する専門家や施設によって診断結果が違う、ということが起こっているのです。

似合う色、似合わない色を気にしない

こうして詳しく紐解いてみると、「似合う色・似合わない色」の線引きというのは、本当に曖昧なものだということがおわかりいただけたのではないでしょうか？

また、「似合わない色」はファッション的には存在しない、と私は思っています。

というのも、繰り返しになりますが、カラー診断は「首の真下にある色が顔に映り込むことで、顔色に影響を与える」という原理に基づいて、肌映りの良し悪しを判断しているに過ぎないからです。服、髪色、メイク、小物など、ファッション全体をコーディネートすることで、印象はいかようにでも変えられます。

また「この色は似合う、似合わない」と感じる理由には、単に「慣れ」もあります。普段着ない色を試すと「わっ、やっぱりこんな色似合わない！」と思いがちですが、それは自分が普段身につけない色なので、見慣れないことから起こる違和感です。

特に日本では、学生服やスーツなど固定の色を着続けることが多いので、ビビッド

ピンクや赤などの華やかな色を着ることに慣れていない方がとても多いと思います。日本でずっとネイビーの学生服を着て育ってきた女の子が、突然アメリカの西海岸に転校することになって、急にバービーのようにビビッドな色の服に囲まれたら「えっ、私がこんな色の服を着るの？」と最初は戸惑うでしょう。

それでも、慣れてくれれば、そうした色を自然と着られるようになるはずです。

ですから、これまで服を見ると条件反射的に「無難そうな色」を選んでしまっていた方は、「惹かれた色なら自由に着ていい」と、自分にOKを出してあげてください。「縛り」がひとつ外れて、服選びの幅が広がり、とても楽しくなっていくはずです。

ちなみに「色選びが苦手だから、いつもモノトーン」という方もいますが、じつは白と黒はなかなか手ごわい色です。

白が似合わない人はいないのですが、「白シャツほど難しいものはない」ともいえますし、「甘い」「かわいい」など「服の言葉」がストレートに出てしまうからです。

一方の黒は、服の「質」がハッキリ出ます。スタイリッシュに見えるか、華やかに見えるか、陰気に見えるかは、すべて素材の良し悪しにかかってくるので要注意です。

ベーシックカラーをもっと自由に選ぶ

前置きが長くなってしまいましたが、ここからいよいよ具体的な色の使い方の説明に入りましょう。

まず決めたいのは、自分の「ベーシックカラー」です。ベーシックカラーとは、コーディネートの基調となる色のことをいいます。

服を選び、ワードローブを作っていくためには、ベーシックカラーを決めることが不可欠です。なぜならベーシックカラーとは、ワードローブの軸となるものだからです。

たとえば「コーディネートがいつもまとまらない」と困っている方のクローゼットを覗いてみると、たいていの場合、あまり着ない色が「タンスの肥やし」状態でゴチャゴチャと詰め込まれています。

これは、ベーシックカラーを決めずに「たまには違う色も着ないと」「流行っている色にチャレンジしよう」などと、なんとなく差し色ばかり買ってしまったからです。

でも、クローゼットの中身の7～8割ほどがベーシックカラー、2～3割ほどが差し色や柄物になるように意識すれば、いつでも洗練されたコーディネートを組みやすくなるのです。

「なりたい自分」になれるベーシックカラーを選ぼう

では、ベーシックカラーとは、具体的に何色を指すのでしょうか？

日本で一般的にベーシックカラーというと、白と黒の無彩色、加えてグレー・紺・ベージュ・ブラウンなどが挙げられますが、本書でご紹介するベーシックカラーの選択肢は全20色です。123ページのカラーパレットをご覧ください。

授業や講座でこれらの色を見せると、「こんなにたくさんの色からベーシックカラーを選んでいいの？」と、驚く方がたくさんいます。

今回こうした幅広い選択肢をご紹介する理由は、「なりたい自分」のイメージに近

ベーシックカラー

WHITE
IVORY
CREAM
LIGHT GREY
BABY BLUE
SAND
NUDE
BEIGE
CAMEL
CARAMEL
TAN
TAUPE
MARINE
GREY
KHAKI
OLIVE
NAVY
BROWN
CHARCOAL
BLACK

づきやすくするためです。

日本で一般的な白・黒・紺・ベージュなどを見せられても「なんだかみんな同じコーデになりそう」「好みの色がない」と感じる方も、「これなら自分らしいワードローブを作れそう！」と、ワクワクしていただけるのではないでしょうか？

ベーシックカラーの概念をリセットして、たくさんの選択肢から楽しく自分の色を選ぶことで、「なりたい自分」像はより具体的になってきますよ。

では、この中から3色ほどを選んで自分のベーシックカラーに決めましょう。選ぶ基準は「この色が好き」でOKです。

迷ってしまう場合は、クローゼットを開いて写真を撮ってみましょう。ハンガーポールに吊るされた服や引き出しの中の服を、一枚の写真に収めて俯瞰してみると色の偏りが客観的にわかります。

「私ってこういう色が好きだったんだ」

「そういえばこの色をよく買っている」

といったことに気づいたら、それを自分のベーシックカラーにしましょう。

コーデの基本は「3色ルール」

ベーシックカラーを決めたら、次はカラーコーディネートの基本を押さえましょう。

①コーディネートに使うのは3色まで
②色の面積のバランスは6：3：1

この2つのルールが守られていれば、大失敗は起こりません。
それぞれ、詳しく説明していきましょうね。

①コーディネートに使うのは3色まで

まず、コーディネートに使う色は、小物も含めて3色までに収めるのが基本です。
1〜2色でもかまいませんが、いちばん収まりがよく華やかさも出るのが3色です。

柄物が入るコーデの場合、柄物はメインかサブカラーの同系色を選びましょう。これを3色ルールに当てはめると、たとえば次のようになります。

●**1色目**：グレーのコート、チェックパンツ、ショートブーツ

●**2色目**：ベージュのニット、マフラー

●**3色目**：ワインのピアス、バッグ

さまざまな濃淡のグレー＋白でコーディネートした場合は「1色のグラデーション」とアクセントカラー、と2色でカウントしてOKです。

小物は同系色でまとめると使いやすい

②色の面積のバランスは6：3：1

①でお伝えした3色ルールの中で大事なのが、色の占める割合です。配色デザインの世界では「ベースカラーが70％、サブカラーが25％、アクセントカラー5％が黄金比率」と言われています。これをファッションに当てはめると、コーディネートに使う3色の面積は、それぞれ「6：3：1」にするとバランスよくまとまります。

- **6割「ベースカラー」**…ボトムスやアウターなど一番広い面積を占める色
- **3割「サブカラー」**…2番目に面積が広いトップスの色
- **1割「アクセントカラー」**…バッグや靴、スカーフなどのいわゆる差し色

ベースカラーとサブカラーには、先ほど選んだ3色のベーシックカラーを割り当ててください。アクセントカラーは、56ページの「カラーホイール（色相環）」を参考に補色を選びましょう。正反対に位置する色同士を「補色」と呼びますが、たとえばベージュのベースカラーに差し色をプラスするなら、補色のブルーをアクセントカラーに入れてみてください。

補色に限らず「黒やグレーがメインカラーなら、赤やグリーンなどビビッドで華や

かな色を使う」というように、コントラストを意識するのもおすすめですよ。

上級編：同系色の濃淡配色（トーン・オン・トーン）

トーンというのは、色の明暗や濃さのこと。「トーン・オン・トーン」とは同じ色相でまとめて明暗を大きく変化させた濃淡の配色です。同系色で統一感を出しながら、濃淡でメリハリをつけるコーディネートにできます。

たとえばペールブルー×ダークネイビー、レモンイエロー×ブラウンといった組み合わせはベーシックですがメリハリが出ます。メインカラーに中間色、サブカラーやアクセントカラーに濃い色を選ぶと失敗が少なく、シンプルかつ洗練されたコーディネートになります。

雑誌やSNSには、もっとたくさんの色を使ったり、極端な面積比のコーディネート写真もありますが、それはファッションやビューティのプロが集まって作り上げた「作品」。日常のファッションとは別のものとして、眺めるだけにしておきましょう。

ワーク カラーコーディネート、自分だけの教科書づくり

ピンタレストを使ってカラーコーディネートの実例を調べてみましょう。

1 123ページのカラーパレットから、自分のベーシックカラーを選びます。

2 自分が選んだベーシックカラーで、ピンタレスト（108ページ参照）を検索。

たとえば「ベージュ」のコーディネートについて知りたい場合は、英語で「beige color fashion」というように検索します。私はピンタレストで検索するときは翻訳ページに日本語を打ち込み、翻訳された英語を入れる方法を使っています。すると、検索した色＋1～2色を加えた、3色のカラーコーディネート見本がたくさん出てくるはずです。

3 検索結果の中から「なりたいイメージに合う」「私もこんな格好がしてみたい」と思った写真を保存しましょう。

「ボード」にまとめて保存しておくと便利です。「ベージュ」「ネイビー」など名前を付けたボードに写真を振り分ければ、後で色別に振り返れます。自分のベーシックカラーと組み合わせやすい色や、差し色の分量などがわかる教科書代わりになりますよ。

Day 3

まとめ

カラー診断は「首の真下にある色が顔色をきれいに見せてくれるかどうか」を見る診断

……だから「全体の印象」には影響しない

「似合わない色」は本来存在しない

……肌映りの良し悪しはあっても、それをカバーする手段はいくらでもある！

ベーシックカラーは「なりたい自分」の軸

……一般的なベーシックカラーにとらわれず、幅広いカラーから自分のベーシックカラーを選んでOK

Day 4

「なりたい自分」に近づく「ワードローブ」を作る

4日目の講座へようこそ！
スタイリング講座を受けた生徒たちから、
特に人気だったのがこの回です。
ここまでは、ファッションやセンスの定義、体型、色といった
基礎知識をお伝えしてきましたが、今日はいよいよ実践編に入ります。
ここまで何度もお伝えしてきた「なりたい自分」のイメージを整理し、
それに基づいてワードローブを整理していきましょう。

ワードローブを作る手順は3ステップ

あなたのクローゼットに必要なのは、あなたが「なりたい自分になれる服」だけです。でも今はまだ、「安いから買った服」「トレンドだから買った服」「いつ買ったか思い出せないほど古い服」などで、クローゼットの中がごちゃごちゃしているのではないでしょうか？

そんな、どこから手を付ければよいかわからないクローゼットを整理するには、次の3つのステップを実践すると効果絶大です。

①「なりたい自分」のビジョンマップを作る
②「何を手放すか」を決める
③未来に着る目的別「カプセルコーデ」を作る

どのステップもやや手間はかかりますが、この3ステップでクローゼットの中は激変し、かなりスッキリすると思います。また、「似合う」「これから着る予定」のものばかり集まっているので、クローゼットを開けたときの気分もリクワクするはずです。

ライフステージや生活環境が変わる度に、このワークの内容を繰り返せば、新しい環境に応じて自分を進化させていくことができます（かくいう私も、年齢の節目を迎えたり、仕事のステージが変わったりする度に、このワークを繰り返して新しい夢を叶えてきました）。

一生使えるワークですから、ぜひ実践して身につけてくださいね。

①「なりたい自分」のビジョンマップを作る

Day1からずっと「なりたい自分」というフレーズが出てきていましたが、「自分はどう在りたいのか」「周囲に自分をどう見せたいのか」と聞かれても、最初はきっと漠然としていたでしょう。でも、ここまで講座を受けてきたあなたの中には、きっと「なりたい自分」のイメージがなんとなく生まれてきていると思います。

ここでは、その「なりたい自分」を具体的に整理するために、「ビジョンマップ」を作りましょう。

ビジョンマップという言葉自体は、ビジネス書などで目にしたことがあるのではないでしょうか？　雑誌、ネットなどから好きな言葉や写真を拾ってきて、台紙の上にコラージュするというものです。

「なりたい自分」をビジョンマップという形にする理由は、頭の中でなんとなくイメージしているだけでは、ワードローブの軸がブレやすくなってしまうためです。

イメージだけを頼りに買い物をすると「色は揃っているけどテイストがバラバラで、私はいったいどこへ向かっているの？」という、ちぐはぐなワードローブになってしまうことがあります。でも、イメージを言語や写真で具体化したビジョンマップを作っておくと、そうした混乱を防ぎやすくなるのです。

つまりビジョンマップは、ファッションという大海に下ろす錨《いかり》であり、あなたを未来へ導いていく道しるべなのです。

では早速、「なりたい自分」をビジョンマップで具体的にしていきましょう。

ビジョンマップの作り方

ビジョンマップ作りは、手作業でもパソコンでもやりやすいほうでかまいません。ただし、完成後はクローゼットに貼り付けたいので、データで作った場合は紙に印刷するようにしてください。

そして、最も大切なのは「ワクワク」と「自分の未来を信じる」ことです！

1 自分の「コンプレックス」を知る

ビジョンマップ作りのファーストステップは、自分の「コンプレックス」を知ることです。なぜかというと、コンプレックスは「なりたい自分」の足かせになってしまう場合があるからです。

他人から見ればささいなことでも、本人はそのコンプレックスを「欠点」と捉え、「だからなりたい自分になるなんて無理」と考えてしまうことがあります。

ですから、ここではコンプレックスを「欠点」ではなく、「個性・魅力」と捉え直してみましょう。

左のシートを使って、自分の「好きなところ」「嫌いなところ」を書き出してみてください。

好きなところはそのまま活かして、さらに磨いていきましょう。そして、嫌いなところに書き出したコンプレックスには矢印を引き、「個性・魅力」にチェンジしてみてください。

〈例〉

●太っている　↓　おおらかに見える、丸くてかわいい　など

ふんわりと甘い、おいしい卵焼きを作るのに必要な調味料は砂糖だけではありません。ひとつまみの塩が入るからこそ、甘みが引き立っておいしい卵焼きになるのです。あなたがコンプレックスだと思ってきた部分こそ、その「ひとつまみの塩」。あなたという存在を構成している要素のひとつであり、あなたの魅力を引き立てている部分なのだと思えたら、自信を持って「なりたい自分」を目指すことができますよ。

好きなところ、嫌いなところを書き出そう

自分の好きなところ、嫌いなところを書き出しましょう。嫌いなところは、魅力に変換できないかも考えてみて。

好きなところ	嫌いなところ
性格	
例)明るい・誰とでも話せる	例)子どもっぽい→素直
見た目	
例)目が大きい	例)太っている→やわらかい印象

2「なりたい自分」を言語化する

次は、「なりたい自分」のイメージを言葉にしてみましょう。

「素敵になりたい」「モテたい」「もっと有能な人に見られたい」など、あなたが「こんな人になれたらいいなぁ」と考えているイメージは、言語化することでより具体的になるからです。

たとえば、私がスタイリングを行うときにはお客様に「ヒアリングシート」を記入してもらうのですが、その中には、「自分の印象の参考にしたい俳優や著名人、偉人を3名ほど挙げ、その人の好きなところを書いてください」

という質問を設けています。

〈例〉

●深田恭子さんの透明な清潔感

●井川遙さんの上品な色気
●篠原涼子さんの親しみやすいかわいらしさ

こんな風に、「なぜその人が好きなのか」を考えて言葉にすると、なりたいイメージが具体的になるのです。

服を買うときも「深田恭子さんみたいで、井川遥さんみたいな……」ではなく、「清潔感があって上品なワンピースを探しています」とイメージを具体的な言葉で伝えれば、あまりピンとこない服をすすめられるということもなくなります。

イメージをより具体的にするためには、141ページの図も見てください。これは、いろいろなキーワードを4タイプの「雰囲気」に分類したものです。

ここから「なりたい自分」に近いキーワードを探していくと、「都会的で洗練された雰囲気」の女性になりたいのか、それとも「華やかでエレガント」な女性になりたいのかなど、おぼろげだった「なりたい自分」の輪郭がはっきりしてくると思います。

「なりたい自分」を言語化する

「なりたい自分」を言葉に置き換えてみましょう。「いつかこうなるんだ！」という未来の理想の自分を描きます。憧れの人や俳優の好きなところを具体的に挙げるのがポイントです。

モデリング

憧れの人3名ほどと、なぜその人に憧れるのかを書き出しましょう。

例：中山美穂（センスの良さ・高級感）
菅野美穂（存在感・透明感・ナチュラルさ）
レディー・ガガ（意志の強さ）

なりたい自分は？

例：意志が強く、存在感があり、高級感のある女性

なりたい自分のイメージを言葉にしてみましょう！

イメージ・雰囲気を膨らませるためのヒント

言語化が難しいときは、下を参考に。
なりたい自分を言葉にする手助けとなります。

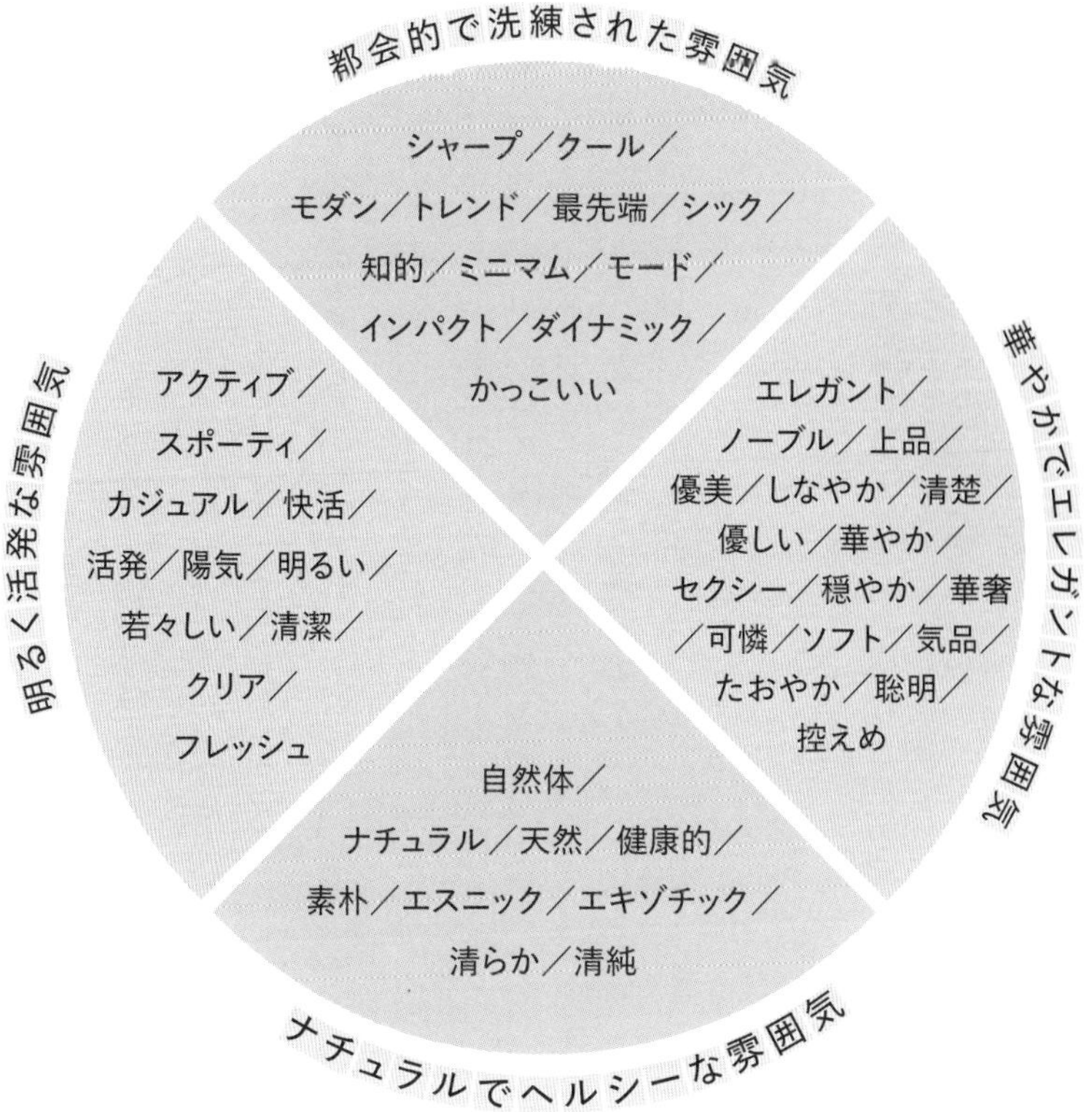

3 イメージに合う画像や言葉をコラージュする

「なりたい自分」のイメージが具体的になったら、画像や言葉を集めてビジョンマップを作りましょう。ビジョンマップ作りのポイントは、次の3つです。

1・あなたの理想のキャッチコピーを入れる

あなたが思い描く「なりたい自分」のキャッチコピーを考えてみましょう。先にもお伝えした通り、イメージは言語化すると具体的になります。

2・いつまでにそうなりたいかという、期限を書き込む

具体的な期限を書き込むと、そのために何をすればいいか、やるべきことが明確になります。おすすめは3年以内です。

3・憧れ・理想・幸福感を感じる画像を貼る

「なりたい自分」のイメージに近い画像を集めてみましょう。自分が何を目指しているのかというビジョンが明確になります。

ここで重要なのは、

●思いっきりうぬぼれて、自己肯定感のスイッチをマックスに上げる

●「なれる、なれない」は二の次にして、理想の自分を想像する

●「叶ったら最高の人生！」とワクワクしながら考える

ということです。

ビジョンマップにするのは「今の自分」ではなく「なりたい自分」。「こんなの、どうせ私には無理」などと遠慮する必要はありません。また、他人から「いいね」をもらおうとする感覚で作らないこと。誰かの目から見て立派とか素敵なのではなく、自分が本当に「こうなりたい、これが好き」と思うイメージを大切にしましょう。

じつは、私の講座を受けてビジョンマップを作った生徒さんのほぼ100%が、

「このワークがいちばん楽しかったです」

「あんなに溜め込んでいた服を驚くほどすんなり捨てられました」

と、ニコニコしながら話してくれます。とっても楽しい作業なので、次ページにあるビジョンマップの見本を参考に作ってみてください。

ビジョンマップの使い方

いかがですか？　ビジョンマップはできあがりましたか？　できあがったら、家族や友人などに見てもらいましょう。

ちょっと恥ずかしいかもしれませんが、ファッションは人に見られるものであり、魅せるものでもあります。「なりたい自分」のイメージにズレがないか、人からアドバイスをもらうのは大切なことです。

どうしても人に見せられない場合は、少し時間を置いてからセルフチェックしてみましょう。時間を置くことで、自分が作ったものを客観的に見やすくなりますよ。

ビジョンマップは、クローゼットの扉に貼っておくと「何を捨てて、何を買い足すべきか」という指針になりますし、スマホに入れておくと自分のモチベーションも上がります。自分が何を求めているのかがわかるので、「それならこんな服が必要だろうな」ということもはっきりわかるのです。

また、クローゼットが整理されるだけでなく、あなたの未来も変わります。

ビジョンマップのイメージ

ビジョンマップの中にできあがった素敵な世界は、「なりたい自分」が生きている未来の世界です。そのイメージにふさわしいファッションを先取りすることで、本当に「なりたい自分」になれるのです。

これは「モデリング」と呼ばれ、「そのように振る舞っている」と、振る舞っている対象そのものに自然と近づいていく、という願望実現の方法です。受講くださった生徒さんたちは、作ったビジョンマップを実際に毎日眺め、「そのように振る舞う」ようにしています。その効果で「先生、さっそく叶いました〜」という、うれしいご報告が毎日たくさん届いているのです。

このビジョンマップを見ながら、次のステップに移りましょう！

②「何を手放すか」を決める

ビジョンマップを作ったら、次はそのビジョンマップとクローゼットを照らし合わせながら、「未来の自分が着るべき服」と「そうでない服」を整理していきましょう。

息を吐くから新しい空気を吸い込めるように、まずは不要なものを出して、新しい「いいこと」が入ってこられるスペースを用意することが必要です。

残すものを考える

まず、クローゼットの中の服をすべて出しましょう。すべてを点検してから、「何を残すか」を考えてください。

そのとき大切なのは、「その服を着る具体的な予定があるから残す」「なりたい自分のイメージに合っているから残す」という視点です。

その服を着る予定が「いつか」ではなく、具体的なイメージはありますか？

ビジョンマップの世界観には合っていますか？

「このジャケット、高かったけどイマイチ似合わなくて、結局いつもこっちのジャケットを着ちゃうんだよね」

「このスカート、柄は気に入っているけど丈が自分の体型と合わないんだった」

「このカットソー、なりたい自分のエレガントなイメージとは全然違う」

などという服があると思います。
そういう服は、どうぞ思いきって捨ててください。

服の「賞味&消費期限」をチェックする

服には「賞味期限」があります。服の賞味期限とは、その服がパワーを発揮してくれる期間のことです。

たとえばトレンド服は、賞味期限が短い服の代表格です。また、ベーシックアイテムでも肩や襟などのデザインが古くなることもありますし、どんなに気に入っていても年齢的に着るのが難しくなる服もあります。

こうした賞味期限のほかに、もう着られないという「消費期限」にも注意しましょう。毛玉や縮れができている、黄ばみが落ちない、パンツの膝が伸びている、直せないほど型崩れしている、などは消費期限切れのサインです。

「これまで、ありがとう」の気持ちをもって、思いきって捨てましょう。

手放す服を分析する

残す服と手放す服が決まったら、手放す服の傾向を分析してみましょう。

「かっこいい」「かわいい」「モード」などといったテイスト、あるいは「黒ばかり」「タイトスカートばかり」といった色やアイテムの偏りがあるのではないでしょうか？

それらは、今後の服選びに不要なキーワードということです。

次に、なぜそういう偏りが起こっていたのか、理由も振り返ってみましょう。

「甘えたらいけないと思っていたから、なるべくクールな服を選んでいたのかな」

「人と関わることに疲れていたから、暗い色の服を選びがちだったのかも」

こうしたつらい感情も、未来の「なりたい自分」には必要のないものです。「もうここには戻らない。私はなりたい自分になる！」と決めて、服と一緒に手放しましょう。

服の具体的な手放し方については、6日目の講座で詳しくお伝えします。

③未来に着る目的別「カプセルコーデ」を作る

ティーンエイジャーの頃には、「女優みたいなウォークインクローゼットがほしい！」「原宿の街ごと全部自分のクローゼットにしたい！」なんていう、楽しいファッションの夢を抱くこともあるでしょう。

でも、大人になった私たちにそれほどたくさんの服は必要ありません。

自分のことをよく知っていて、「私は自分をこう見せたい」という方向性も決まっているのであれば、その目的を果たすだけの服があれば十分だからです。

シーズン始めにコーデセットを考えておく

ピンタレストでファッション画像を検索していると、「カプセルワードローブ（Capsule Wardrobe）」という言葉がよく出てくると思います。

カプセルワードローブとは、最小限のアイテムで機能的にスタイルをつくるというもので、1970年代にイギリスのファッションコンサルタントのスージー・フォーによって提唱され、世界中に広がりました。着回しやすいベーシックなアイテムに投資することで、スペースとお金の無駄を防げるというのがメリットです。

トレンドアイテムを買っては捨てるのを毎シーズン繰り返していると、なかなかワードローブが完成しないうえ、長い目で見るとお金の無駄にもなってしまいます。大人になったらこうした買い方は卒業して、ワードローブを落ち着かせたいもの。

そこで、このカプセルワードローブの考え方を基本に、誰もが簡単に自分のワードローブを作れるように考案したのが「カプセルコーデ」です。

カプセルコーデとは、「目的別に服を選び、服や小物を1つにセットにしておく」という方法で、季節に合わせて「シーズンごとに10セットのカプセルコーディネートを組む」というクローゼットの管理法です。

春、夏、秋、冬でそれぞれ10セットのコーディネートを作れるくらいに服の数を抑えることで、いつもすっきりとしたクローゼットを保てます。

カプセルコーデの中身は、トップス・ボトムス・アウター・アクセサリー（ストールやベルト、帽子などの小物も含みます）。コーディネートに必要なアイテムがすべてセットになっているので、出かける度に何をどう着ようか悩むこともありません。

私も長年、各シーズンに最小限の数でコーディネートが組める洋服リストを作り、目的別のカプセルコーデでクローゼットの中身を管理しています。シーズン初めにあらかじめカプセルコーデを作り、足りないものや取り入れたいトレンドがあれば少し加える、という手順を繰り返すだけで、常にすっきりと洗練されたワードローブを保てますよ。

カプセルコーデの作り方

では、「未来のあなたに必要なカプセルコーデ」を具体的に作っていきましょう。

カプセルコーデの数は春、夏、秋、冬でそれぞれ10セットずつです。

1 この10日間で着た服を書き出す

まずは、「未来の10セット」を作りやすくするために、今のあなたがこの10日間で着た服を書き出してみましょう。

〈例〉

● 1日前：仕事（内勤）

ピンクツインニット・紺スカート・黒バレエシューズ・紺ミニトート・ゴールドプチジュエリー

●2日前：仕事（社外プレゼン）

紺ジャケット・ブラウス・ライトグレーパンツ・黒パンプス・黒ビジネスバッグ・金属ネックレス

●3日前：休日（友人とランチ）

ピンクツインニット・ストレートジーンズ・スニーカー・紺ミニトート・ゴールドプチアクセサリー

……というように、10日間の服装を書き出して客観的に眺めてみると、いろいろなことがわかります。

まず「登場回数が多い服は？」「出番が多い小物は？」といった、アイテムの傾向。

また、今回の本のモニターの方々が作った10セットからは「どんな仕事の人？」「どんなライフスタイル？」「お子さんが何人いるママ？」といったパーソナリティも見えてきました。

まさに、ファッションは日々の生活を映すものであり、クローゼットは人生そのものなのです。今まで何気なく選んでいた服に、あなたならではの法則性を発見したり、意外な好みに改めて気づいたり……。今までのお洋服を把握、分析することで、次なるステップに進みやすくなります。

さらに、

「なりたい自分になるためには、もう少し上質なスーツが必要」

「デート用の女らしい服がない」

といったことも具体的にわかると思います。

足りない服はリストに書き出しておき、「これから買う」と仮定して次のステップに進みましょう。

2 未来のカプセルコーデを作る

先ほど書き出したのは、これまでのあなたの日常。これから作るのは、未来のあなたの10セットです。

10セットの内訳は、「なりたい自分」のライフスタイルによります。「仕事服6セッ

なりたい自分を踏まえつつ カプセルコーデを考えましょう

ト・デイリー服4セット」というように、シチュエーションごとにセット数を割り振ってみましょう。

〈例〉

●ビジネスデイリー服（内勤やデスクワークをする服）……**3セット**
●ビジネスフォーマル服（会食やプレゼン、あらたまった席で着る服）……**2セット**
●フェミニン服（デートなど）……**1セット**
●イベント服（友達との会食、観劇などに出かける日に着る服）……**2セット**
●プライベート デイリー服（お休みの日に近所のお出かけに着る服）……**1セット**
●旅行（リゾートで着る服）……**1セット**

このカプセルコーデはあくまで一例。「なりたい自分」のライフスタイルによっては、ビジネスフォーマル服が必要ない方もいれば、プライベート服がもっと必要という方もいるかもしれません。その場合は、セット数のバランスを調整してください。

冬のコート、アクセサリーやベルトなどの小物は、そのときの気分によってセット内容を変えてもかまいません。また、スーツのインナーやカットソーなどは、ワンシーズンにつき10枚くらいはほしいところ。具体的には、春・夏・秋・冬の各シーズンで10セット、10セットに使う服の枚数は18~20着、シューズ、バッグなどが4~6セットが目安です。

大切なのは、「なりたい自分になれる服」「これからも着ていきたい服」「コーディネートで使う服」以外は、カプセルコーデに入れないことです。ビジョンマップと照らし合わせながら不要な服をすでに選り分けているはずですが、ここでクローゼットに戻さないように気をつけてくださいね。

そして、カプセルコーデは「幸せな気分で過ごせるかどうか?」を考えながら作りましょう。昔から「笑う門には福来たる」と言われるように、笑顔の人には幸運を引き寄せる力が宿るからです。

ピンタレストで「なりたい自分」の服のテイストを「capsule wardrobe」と組み合わせて検索するのも楽しいです。テイストを表すフレーズは、たとえば次の通りです。

Romantic Style……花柄、フリルなどのフェミニンで甘いスタイル

Classic Style…トレンチコート、白シャツ、ストレートデニムなど、トレンドに左右されない定番アイテムを使ったシンプルスタイル

Parisian Style…パリジェンヌのようにミニマルシックなスタイル

自分の想像以上のアイデアに触れられて、イメージが具体的になっていきますよ！

3 ワードローブの「新陳代謝」を行う

カプセルコーデは、毎年新しいシーズンを迎える度に見直します。そのとき、次のような服がないかチェックしてみましょう。

●旬が過ぎたトレンド服

●傷んだ服

●1年以上着ていない服

こうした服はこまめに手放すと、クローゼットに空間をキープできるうえ、自分の変化に合わせてワードローブも自然と新陳代謝させていくことができます。

また、「新しい服を買ったら代わりに1枚手放す」というルールを作っておくと、服の量のリバウンドも防げるでしょう。

Day 4

まとめ

「なりたい自分」のビジョンマップを作る

……「なりたい自分」のイメージを具体的に固めよう

「何を手放すか」を決める

……「なりたい自分」にふさわしくない服、賞味・消費期限の切れた服とは潔くさよならを

未来に着る目的別「カプセルコーデ」を作る

……毎日着る服に悩まない・クローゼットが混乱しない、そんなミニマルなワードローブを完成させよう

「入る」と「体型に合う」は違う

大人世代でも、若い子向けのブランドの服が気になることはありますよね。細身の人ならスルッと体が入るので、つい買ってしまうことも多いのでは？　ところが、いざ着てみるとなんとなく違和感が拭えないことも……。

理由は、服のパターン（型紙）がターゲットの年齢層によって違うからです。若い子向けのブランドは、若い体型を参考にパターンを起こしています。若い体型と大人の体型で特に違っているのは、胸の高さや腰回りのボリュームです。つまり、大人は若いパターンに体型が合わないために「体は入るけど微妙な感じ」になってしまうのです。ですからボディタイプ診断で「おすすめ」とされている形の服でも、選ぶブランドによってはそういう失敗が起こりえます。初めて買うブランドで何歳をターゲットにしているのかわからないときは、「ペルソナ」をチェックしてみましょう。

ペルソナとは、そのブランドがアピールしたいターゲット層の特徴を、ひとりの架空の人物像に落とし込んだものです。もしペルソナと自分の年齢が大きく違っているようであれば、買う前に試着してサイズ感やシルエットを確かめてくださいね。

Day 5

小さい面積の大きな効果「メイク・ヘア・小物」で仕上げる

5日目の講座へようこそ！
「なりたい自分」がデコレーションケーキだとしたら、
今のあなたはスポンジが焼き上がって、
生クリームを塗り終わったところまできています。
今日は、その土台にメイク・ヘア・小物で
デコレーションを施す工程に入りましょう。
仕上がりを大きく左右する部分だけに、
マスターすればスタイリングテクニックはグンとアップしますよ。

「なりたい自分」の説得力を上げる!

メイク・ヘア・小物には、「なりたい自分」のイメージをより強調する働きがあります。服より面積は小さい部分ですが、おろそかにはできません。

特に「なりたい自分」のイメージを作りやすいのがメイクとヘアです。映画やドラマの世界でも、出演する俳優さんたちのキャラクターが決まると、最初にメイクとヘアを手掛けます。なぜなら、メイクとヘアにはそのくらいイメージを醸し出す力があるからです。

私もスタイリングのご依頼を受けたら、

①なりたいイメージを伺う
②そのイメージに合うヘア（美容室に相談）&メイク（美容部員に相談）に整える
③最後に服選び

という順番でスタイリングを行っています。ですから、「スタイリング当日までに美容室に行ってきます」とヘアーチェンジをされるお客さまもたくさんいます。

ここであなたの好きな俳優さんをちょっと思い出してみてください。同じ俳優さんでも、演じる役によってメイクやヘアは違っているでしょう？
たとえば弁護士役なら、ストレートヘアにきりりとした眉メイク。優しい恋人役なら、ふんわりとしたウェーブヘアに柔らかな色のメイクなど。こうしたテクニックさえ知っていれば、あなたも同じように「なりたい自分」になれるのです。

さらに、小物を上手に組み合わせれば完璧です。
もし「クラス感のある上品な感じの女性」になりたいなら、ノーアクセより一粒ダイヤのピアスや、パールのネックレスをつけたほうがそれらしく見えるでしょう。

それではここから、メイク・ヘア・小物のポイントと使い方についてご説明しましょう。

メイク・ヘア――その日の服に合わせてアレンジ

メイクや髪型の悩みでも多いのが「私の顔には似合わない」というもの。

「面長だから」「童顔だから」「老けているから」……。

こうした理由に、メイクや髪型をあきらめてしまっていませんか？

最近は、顔型や顔立ちを分類する「顔タイプ診断」なども人気ですが、顔に似合う・似合わないといったことにそこまでこだわる必要はない、と私は思います。

なぜなら、多少気になるところがあっても、そこをうまく隠して思い通りのイメージを作るというのが、メイクや髪型の本来の役目だからです。

ですから、基本的にはどんなメイクや髪型でも顔に関係なくできる、と思っておいてください。ただし、そのためにはやはりプロの手を借りる必要があります。

メイク情報は化粧品メーカーのホームページでチェック

メイクについては、美容カウンターで美容部員さんに相談するのがベストです。口紅でもアイシャドウでも何かしら購入すると、一緒にメイクのアドバイスもしてもらえるでしょう。

お出かけしにくい方や、いきなり美容カウンターに行くのはちょっと緊張するという方は、ネットでメイク情報を集めてみましょう。

大手化粧品メーカーのホームページなどでも、化粧品や道具の使い方、メイクのコツなどが万人向けにわかりやすく紹介されているので、最近のメイクに疎くなってしまった大人世代にもぴったりだと思います。

最近はYouTubeでもたくさんのメイク動画が公開されていますが、その多くは配信者が「自分のやり方」を説明しているもので、それがそのままあなた自身にも当てはまるかどうかはわかりません。こうした動画は、ある程度メイクに慣れてから参考にするほうがよいでしょう。

髪型は美容師にきちんと希望を伝える

髪型や髪色については、もちろん美容師さんに相談するのがおすすめです。

繰り返しますが、似合わない髪型でも似合わせてみせるのがプロというもの。

「こういうイメージを作りたい」「こんな髪型にしたい」という希望を、まずは遠慮せずにはっきり伝えましょう。

ただ、美容師さんとの相性もありますから、まずは2～3回通ってみて、合うか合わないかを判断するとよいでしょう。

最後に、服とメイクとヘアは統一することが基本です。

これら3つが統一されていないと、パッと見たときの全体的なイメージがちぐはぐになってしまいます。

たとえば、ツイードのセットアップや和服のような重厚感のある服を着るなら、メイクもヘアもしっかりめにするほうがふさわしいですよね。

逆に、シンプルな白Tシャツやプレーンなワンピースを着るときは、メイクもヘアも作り込みすぎないほうが素敵です。パールやラメがぎっしり入ったメイクを合わせたり、髪をきっちり巻いたりすると、リラクシーな抜け感が損なわれてしまいます。

「メイクや髪型はワンパターンで、どんな服装のときも同じ」という人も多いようですが、その日の服に合わせてアレンジできるようになるといろいろなファッションも楽しめるようになりますよ。

小物――バッグ・靴・アクセサリーなど

アパレル業界で「服飾雑貨」と呼ばれているのが、アクセサリー、バッグ、靴、スカーフやストール、ベルト、帽子、手袋といった小物です。

こうした小物は、たとえるなら調味料やスパイスのようなもの。

たとえば、シンプルな黒いワンピースに、パールのネックレスを合わせるとエレガントになりますし、黒いレザーブレスを合わせるとカジュアルになりますよね。ベースが同じ黒のワンピースでも小物で印象はこれだけ変わります。

つまり、何をセレクトするかで、小さいのに大きくファッションの方向性を変えてしまうもの、それが「小物」なのです。

ここからは、主な小物それぞれのポイントについてざっとご紹介しましょう。

大人が投資するならアクセサリー

大人のアクセサリー選びは「ベーシックデザイン＋個性＋上質なもの」を基準にしましょう。

まず、ベーシックなデザインは長く使えるので、トレンド色が強いアクセサリーより投資のしがいがあります。

そこに、自分らしい個性がプラスされていると理想的。カラーストーンかパールか、ゴールドかシルバーか、太いか細いかといった、ちょっとした違いにその人らしさは表れてきます。

そして最も大切なのが、質のよいアクセサリーを身につけること。若い子ならチープなものでもかまいませんが、大人の場合は安物で済ませていると、品格を下げることがあるからです。

逆に、上質なアクセサリーさえあれば、プチプラの服でも一瞬でグレードアップさせられます。私の場合も、1枚5千円以内で購入したワンピースにシャネルマークの小さなブローチを組み合わせたり、シンプルな服にはデザイナーズブランドのコスチュームジュエリーのネックレスを組み合わせたりしています。

こんな風に、お手頃な服でも少しラグジュアリーなアクセサリーを組み合わせるだけで「その服いいわね」と、お褒めの言葉をいただけるのは魔法のようです。

これらのアクセサリーは、自分へのご褒美として時間をかけて吟味して、選び抜いた思い出深いものたちです。母からもらったジュエリーは私から娘へ贈り、娘はリフォームして愛用しています。宝石は娘へ贈ることも考えて購入したものが多いです。どれも10年超えの頼りになるメンバーばかり。多くはありませんが、大切にお手入れしながら使っています。

「そういえば、ちゃんとしたアクセサリーを持っていない」という方は、この機会に思い切って投資してみてはいかがでしょうか？

日常使いできるシンプルなネックレスやピアスは、費用対効果も高く、あなた自身を輝かせてくれる小さな実力者です。ただし、高価な宝石やハイブランドのアクセサリーは、これ見よがしにならないよう、全体のコーディネートバランスに気をつけてくださいね。

バッグは「家来」

大人の社会には、身なりで「格」を判断されるような場面も往々にしてあるもの。そんなときにものをいうのが、昔は腕時計でした。しかし、アップルウォッチが出てきた今、腕時計にステイタス性を求める人は少なくなってきたようです。代わりに見られやすくなっているのが「1位アクセサリー、2位バッグ」だと私は思っています。アクセサリーやバッグは、実は服より先に見られて持ち主の格を値踏みされやすいアイテムなのです。

ですから、ここぞというときに使う「勝負バッグ」は、アクセサリーと同じく上質なものを選びましょう。大人の勝負バッグを選ぶ基準は、次の3つです。

①目的
②色
③自分らしさ

「①目的」とは、バッグを使うシチュエーションのこと。ビジネスなのか、お出かけ用なのか。デイリーに使うのか、特別なときだけなのか。そうした目的を考慮すると、選択肢はある程度絞り込まれてきます。

「②色」は、靴と揃えておくとコーディネートを統一しやすくなって便利です。

そして、最も大切なのが「③自分らしさ」です。自分らしさというのは、「なりたい自分」のイメージのこと。バッグは、持ち主自身の印象になります。

あなたが周囲に伝えたいイメージは？　「知性と信頼感」「上品な女性らしさ」「クリエイティブな遊び心」……そうしたイメージを託すことのできるバッグを選びましょう。

注意したいのは、バッグだけ浮いた状態になっていないかどうかです。

浮いているというのは、「使いこなせていない」ということ。

私は先ほど「バッグの質にこだわってください」と言いましたが、それはブランドものを印籠のように振りかざしてくださいという意味ではありません。

高価なバッグを買うなら、ブランドの名前に寄りかかるのではなく「私はなぜこのバッグを選ぶのか」という理由を明確にしてから買っていただきたいのです。

たとえば、私の娘がビジネスバッグとして購入したのは、ステラ・マッカートニーの「ステラロゴバッグ」です。娘は、SDGsへの貢献を大切にしながら仕事をしているので、動物皮革に代わる素材を使っているこのバッグを選びました。

このように、「私はこう在りたい」という理由に基づいて選んだバッグは、持ち主に代わって周囲へイメージを伝える「家来」になってくれます。

ブランドにはそれぞれ歴史やコンセプト、得意分野があるので、まずはそうした情報を調べてみるとよいでしょう。

そして、自分が大切にしている価値観とブランドのコンセプトが重なる素敵なバッグに出合ったら、未来への自己投資と思って購入してみてはいかがでしょうか？

靴は歩きやすさを何より重視

小物の中でも、機能性を特に重視したいのが靴です。

どんなに美しい靴であっても、足が痛くて一歩も歩けないようでは意味がありません。買う前に必ず試着して、履き心地と歩きやすさをチェックしましょう。

色は、バッグに揃えるのがおすすめです。

たとえば、メインで使っているのが紺と黒のバッグなら、靴も紺と黒を持っておくと「コーデに合う靴がない」という、よくあるお悩みを解消できます。

「何色も揃えるのは大変だから、なるべく使いやすい色に絞りたい」という方におすすめしたいのは、ベージュです。汚れが目立ちやすいと敬遠される方も多いのですが、ベージュの靴とバッグはどんなコーディネートにも自然に合わせられます。なかでもエナメル素材の光沢のあるものや、つま先が黒いバイカラーのシューズは、コーディネートを格上げしてくれる上質なカラーです。

また、意外に思われるかもしれませんが、ゴールドやシルバーといったメタリックな色も、コーディネートを選ばない万能カラーです。輝きが加わることで、コーディネートが華やかで洗練された印象にもなります。

ちなみに、バッグと靴のどちらかに投資するなら、バッグがおすすめです。全体に占める面積が大きく、見られる頻度もバッグのほうが多いからです。

ただし、あまりに安い靴だと履き心地や耐久性の面で劣ることもあるので、どんな靴でもまずは試着するようにしましょう。

スカーフ、ストールはレフ板代わり

シンプルなコーディネートのアクセントになってくれるスカーフやストールは、小物の中でも顔周りにいちばん近いアイテムです。

選ぶポイントは、色と艶。

ピンク、イエロー、白など明るい色で光沢のある素材感のスカーフやストールを巻くと、「レフ板効果」で顔周りがパッと華やぎます。特に、手持ちのコートが黒やネイビーなど暗い色が多い場合は、差し色として華やかで明るい色を選ぶとよいでしょう。反対に、顔に近いところに黒やダークグレーなどを持ってくるのはNG。顔に影が差して老け込んだように見えてしまうので、特に大人は避けておきましょう。

真四角のスカーフをきれいに結ぶのが苦手な人は、簡単に巻くだけで様になるストールのほうが使いやすいかもしれません。いずれにしても、無地かベーシックな柄のほうが長く使えておすすめです。

主な小物のポイントは以上です。

バッグと靴のところで少し触れましたが、小物はカラーをそろえてセットにしておくと、コーディネートを仕上げやすくなります。

同系色の小物セットの作り方をご紹介しますので、ぜひチャレンジしてみてくださいね。

ワーク1 小物セットを作りましょう

アクセサリー、バッグ、靴、ストールやスカーフを同系色でまとめた「小物セット」をあらかじめ作っておくと、コーディネートのマンネリ化防止に役立ちます。

たとえば、白いトップスにベージュのスカートという同じ組み合わせでも、小物セットの色を変えれば印象もガラッと変えられるのです。

1 まずは、手持ちの小物を色別に分けてセットを作ってみましょう。

2 同じ色が多い場合は、さらにテイスト別に分けてみます。

たとえば、同じ黒でも「黒のエレガント系セット」「黒のモード系セット」というように分けておくと、コーディネートに違った味付けができますよ。

差し色小物を買うときは、できれば同じ色の小物をほかにも買っておくことをおすすめします。1つだけだと「買ったけれど結局使わなかった」ということになりがちですが、ほかにも小物が揃っていれば、コーディネートに取り入れやすくなるはずです。

もう1つ小物を買うのが難しい場合は、ネイルやメイクの色を小物に揃えてもおしゃれですね。

ワーク2　トレンドコーデを楽しむセットを作りましょう

私は皆さんに、トレンド以前に「なりたい自分」を考えることをお伝えしていますが、もちろん流行はあるので、トレンドを取り入れることも、今を生きるという意味で大切ですし、時代を楽しむという点でも賛成です。

ただ、トレンドは賞味期限が短いので、プチプラの小物で楽しむのがおすすめ。同系色で小物セットを作るのに慣れたら、トレンドをテーマにした同系色の小物のセットも作ってみましょう。

たとえば、そのシーズンのトレンドカラーがグリーンなら、グリーンのバッグやストールなどのアイテムをプチプラで揃えてみます。トレンドになっていると、店頭にはその色の商品が豊富に出回るので簡単に揃えられるでしょう。

トレンドの小物セットを組み合わせれば、シンプルでベーシックな服を新鮮に見せることができますよ。

Day 5

まとめ

メイク・ヘア・小物は、イメージ作りに大きく関わる部分

……服と一緒にこだわることで「なりたい自分」により近づける

顔型・顔立ちを気にし過ぎない

……気になる部分をカバーするのが、メイクとヘアの役割！

投資するならアクセサリーとバッグ

……人目につきやすいアイテムに投資すると、コーディネートに品格を出せる

「トレンド」から「スタイル」の時代へ
～個性とTPOの関係～

コロナ以降、ファッションのキーワードは「他人からどう見られるか」より、「自分自身がどう在りたいか」に変化してきました。「流行っているか」という、人と同じならとりあえず安心という「トレンド」ではなく、「自分らしいか」「心地よいか」という、自分の「スタイル」を大切にする人が増えているということです。私もこれまで多くの本の中で「スタイルとは自分の在り方」とお伝えしてきました。「在り方を考えること」は「自分のスタイルはあるか？」と、自分に問うことでもあります。

でも、「ファッションは個性」「ファッションは自由」と言い切って「好きな服だけ着ていればいい」という意味ではありません。「ファッションは身分や立場を示す」という、大人としての社会性は必要です。

大事な人と会うときや社交の場に出かける際は「この場を楽しむためにふさわしい服を選びました」という配慮を持った服選びをしてください。

つまり、個性とＴＰＯは全く別だということ。ファッションは自分を語るもの故に、人からどう見えるかという客観性も重要です。プライベートのときは、個性を発揮して、自由にファッションを楽しんでくださいね。

Day 6

ショップやサイトを賢く使う
服の買い方・手放し方

さあ、今日は講座の最終日です。ここまでよく頑張りましたね。
お教えしてきたメソッドやワークを実践することで、
「なりたい自分」のイメージも、クローゼットの中身も
かなりスッキリしてきたのではないかと思います。
今日は、さらに一歩進めて、
一生使える服とのつき合い方をお伝えします。
生きている限り、私たちは服を着続ける必要があります。
失敗買いで損する、いつの間にかクローゼットがパンパン……
そんな失敗を繰り返さないために、
服の賢い買い方・手放し方を一緒に身につけていきましょう。

新品でなければだめですか？

服がほしいと思ったら、お店で新品の服を買うのがこれまでは当たり前でした。ですが今は、ユーズド品が安く手に入るフリマサービスや、毎月定額で服をレンタルできるサブスクサービスが広く浸透していますね。

これは経済的にお得なだけでなく、環境にとっても大切なことです。

ファストファッションが台頭してきた一方で、服の廃棄量が世界的に深刻な社会問題になっていることは、すでにご存じでしょう。こうしたことに無頓着なまま、服を気軽に買うのはもはや時代遅れなわけで、地球の未来に無関心と同じですよね。

「服は必ずしも新品を買わなくてもいいし、借りて返してもいい」という考え方にもっと慣れていくことが、私たち大人世代の課題ではないかと思います。

たとえば、次のような場合はフリマやサブスクを選択してはいかがでしょうか？

こんなときはフリマがおすすめ

- ほしい服やバッグが高額すぎて買いにくい
- 今まで着たことがないタイプの服を試してみたい
- 限定販売、抽選販売の商品がどうしてもほしい

こんなときはサブスクがおすすめ

- 講義や配信など、人前に出る機会が多い
- 婚活や趣味のお出かけなど、おしゃれしたい機会が多い
- 買い物する時間がない

フリマの場合、ユーザー規模が大きいものは商品も豊富に見つかりますし、女性向けファッションに特化したものはほしいものを効率よく探せます。

サブスクも、百貨店が運営するものは華やかな勝負服がほしい方向き、料金プランが豊富なものは柔軟に使いたい方向きです。

いろいろ比較してみて、自分に合うものを上手に活用したいですね。

最も失敗しにくい購入先はECサイト

一方、新品を購入したほうがよい場合もあります。

たとえば、数年は使える上質なベーシックアイテム、シーズン中に何度も使う予定があるものなどは、ぜひワードローブにお迎えしましょう。

買い物をする場合、基本的に私がおすすめしているのはECサイト（ネットショップ、ネット通販）です。

ECサイトでの購入のいちばん大きなメリットは、自宅で手持ちの服や小物とコーディネートをしながら、商品を試せること！

たとえば、まず店舗で試着して、気に入ったらECサイトで購入。商品が到着したら、ほかの服とのコーディネートを試せば、本当に使える服かどうかを確認できます。

「店舗で試着、サイトで購入」という手順だと買い物の失敗をほぼゼロに抑えられるのです。
最近では、私がお客様にスタイリングを行うときもＥＣサイトを活用しています。最初は対面で一緒に店頭へ行き、その方の体型に合うブランドで試着を繰り返して服を選びますが、対面後はオンラインでお買い物チェックをするのです。

ＥＣサイトに掲載されている商品の画像と、すでに家にあるお手持ちのアイテムをオンライン画面で一緒に見せていただけるので、より実用的なアドバイスができて便利です。

また、ＥＣサイトはセールの回数が多いのもうれしいポイント。

セールのタイミングや割引率はサイトによって異なるので、複数のサイトを登録しておいて巡回するのがおすすめです。

ＥＣサイトの活用法

大人世代には、オンラインで服を購入することに抵抗がある方もいらっしゃるかもしれません。ですが、アパレル業界のＥＣサイトのサービスは日々ものすごいスピードで進化しています。

スキルを持った人材を育成し、ショップからのライブ配信や、販売員とチャットしながら買い物ができるようにするなど、限りなくリアルに近い買い物環境を目指しているのです。

そんなECサイトをもっと活用する方法を、次にご紹介しましょう。

1 ファッション情報をチェックする

ECサイトでは、シーズンのトレンド情報やテーマ別のコーディネートの提案といった、ファッション誌のようなファッション特集を多数掲載しています。

たとえば、商品展開が豊富な大手ECサイトでは「セレモニーの服」という特集を組み、スーツやバッグ、アクセサリーの紹介、またそのスーツセットに何を買い足せばコーディネートの幅が広がるかといった提案までしています。

特集を見て「いいな」と思ったらその場ですぐ商品を購入できるのは、ECサイトだけのメリットです。

2 スタッフコーデで着用感と着方をチェックする

ECサイトでぜひ使いこなしていただきたいのが、商品写真と一緒に掲載されている「スタッフコーデ」です。

スタッフコーデとは、各ブランドの販売員さんがその商品を着た写真や動画のことをいいます。商品写真のほうはモデルが商品を着用していますが、モデルの身長は168～175cmくらいが一般的なので、商品写真だけ見て購入すると「思っていたのとサイズ感が違う」という失敗につながってしまいがちです。

でも、スタッフコーデではさまざまな身長の販売員さんの着画や動画が見られるので、自分の身長と同じくらいで体型も似ているスタッフのコーディネートを参考にすると、自分が着たときのイメージがわかりやすく、何と組み合わせて着ればよいかというコーディネートの参考にもなります。

ECサイトの数は日々増え続けているので、どこのサイトにいけばよいかわからないという人も多いでしょう。そこで、数ある中から私が厳選したECサイトを巻末にご紹介します。ぜひ、お買い物に役立ててくださいね。

ショップごとの特徴と賢い利用法

最初にECサイトをご紹介しましたが、もちろん、実店舗でのお買い物にもメリットはたくさんあります。

ウィンドーに飾られたマネキンからトレンドの空気感を読み取ったり、服に関する質問を店員さんに直接聞いたり、あるいはほかのお客さんを観察（！）したりできるのは、やはり実店舗だけです。

ただし、ショップを見て歩くには時間と体力がいります。ほしい服を効率よく見つけ出すには、ショップごとの特徴を把握しておくと便利です。

こちらに各ショップの特徴をご紹介しますので、予算や目的に合わせて行き先を選んでみましょう。

●大型ショッピングモール…手頃な価格帯の日常服を見られる

郊外の駅周辺に建っていることが多い大型ショッピングモールは、その土地に住む人すべての暮らしを支える商業施設です。そのため、大型ショッピングモールに入るブランドは、価格もテイストも多くの人が手に取りやすい「中間層」ということになります。

具体的には、ワンピースが1万円台くらいのドメスティックブランドから、ファストファッションまで。購入者が最も多い、いわゆるボリュームゾーンの服が揃う場所です。

●百貨店…上品な高級服が基本

老舗の有名百貨店に入っているのは、主に百貨店専門の高級ブランドです。また、海外や日本の有名デザイナーズブランドも多く扱われています。

百貨店専門ブランドの服がほかのブランドに比べて高いのは、百貨店のテナント代、また各ブランドから派遣されている販売員の人件費がかかっているためです。その代わり、豊富な商品知識に基づいた細やかな接客をしてもらえます。

また、商品自体も、上質で丁寧に作られているので、きちんとした上品な服を探すときにおすすめの場所です。一方で、新進気鋭のブランドがポップアップストアを出店することもあり、一足先にファッションチェックできるチャンスもあります。

●ファッションビル…トレンド最先端

衣類や雑貨などを扱うブランドやセレクトショップを主なテナントとするファッション専門の商業施設です。価格帯は大型ショッピングモールとほぼ同じですが、こちらはトレンド感が強く、若年層やファッションへの関心が高い人をターゲットにしているのが違いです。

今は渋谷スクランブルスクエアや、ＮＥＷｏＭａｎなどがあるように、どの時代にもおしゃれを牽引しているファッションビルは必ず存在しているもの。今何が流行っているのか知りたいとき、高感度なものを買いたいときにおすすめの場所です。

また、新しいブランドにもいち早く出合えるので、マンネリ感を解消したいときにもよい刺激が得られるでしょう。

●専門店…長く使える愛用品選びに

バッグや靴、サングラス、腕時計、ジュエリーなど、決まったアイテムだけを扱う「その道一筋」の専門店もあります。

専門店のよさは、なんといっても信頼感。長く使える上質なものを選びたいときには、こうしたお店をチェックしてみましょう。かつては路面店も多かったのですが、現在は百貨店やファッションビルに入っていることが多いので、初めてでも立ち寄りやすくなっています。

また、専門店の分野で今注目されているのは「お直し」です。サイズ直しをするリフォーム、違うアイテムに生まれ変わらせるリメイク、傷んだ部分の修理《リペア》といった技術は、今の時代に求められる「サステナブル」という考え方に通じます。

新しいものを次々に買うより、一着を大切に長く着るというのもおしゃれのスタイル。クローゼットに眠っている、バブル期に購入したブランド品も華麗に復活させられるかもしれませんよ。

●リサイクルショップ…買い逃しにワンチャンス

リユース専門のチェーン店や、昔ながらの質屋などのリサイクルショップは、もっぱら「売る」場所として活用している人のほうが多いかもしれません。

「買う」場所としてのリサイクルショップのメリットは、買い逃してしまった人気アイテムや、「どうしてもこれがいい」というものが見つかる可能性があることです。今では売っていない、ヴィンテージのブランド品にも豊富に出合えます。ユーズド品であることに抵抗さえなければ、思いがけない素敵なアイテムと出合えるのでこまめにチェックしてみましょう（大人気のメルカリも実店舗はないもののリサイクルショップのようなものですね）。

●アウトレットモール…定番とオケージョンが狙い目

シーズン中に売りきれなかったものや、傷もの、サンプル品などを割引価格で販売している大型ショップです。多くは郊外にあるので、日帰りのショッピングバスツアーがよく組まれています。

このアウトレットモールでおすすめなのは、「上質なベーシックアイテム」です。ニットやトレンチコートなどのベーシックアイテムは毎年売れ残ることが多いのですが、形が大きく変わらないので、購入すると3～5年くらいは使えます。

たとえば、カシミアのニットはトップシーズンに百貨店で購入すると3万円くらいするのが普通ですが、アウトレットなら1万円くらい。長く使える上質なものを、これほど手頃に購入できるのはここだけです。

また、披露宴やパーティー用のオケージョンアイテムも狙い目。使う回数を考えると、なるべく安く買ったほうがお得だからです。もしそういう予定ができたら、メタリックなサンダルやレースのドレスはアウトレットモールで探してみましょう。

ちなみに、アウトレットモールで買ってはいけないのは「今年のトレンドだったもの」です。これらはいわば、賞味期限が過ぎたもの。着られる期間はほぼないので、どんなに安くとも手は出さずにおきましょう。

試着は「鏡」ではなく「写真」でチェック

服を買うにしても借りるにしても、試着はマストです。試着するときは、まず髪とメイクをちゃんと整えること。それから、次の2点をチェックしましょう。

①「なりたい自分」になれているか

②サイズは合っているか

まず「①『なりたい自分』になれているか」は、何よりも大切なポイントですね。

これは、鏡ではなく写真を撮ってチェックするのがおすすめです。

人は鏡で自分を見るとき、自然と「フィルター」をかけてしまっています。無意識に表情を作っていたり、お気に入りの角度しか見ていなかったりするものなのです。

ですが、スマホで写真を撮れば自分を客観的にチェックすることができます。

「信頼感と説得力のある講師に見える？」

「明るくて話しやすそうな女性に見える？」

など、なりたいイメージと試着した自分を照らし合わせてみましょう。

自分で決めきれないときは、後で家族や友達に写真を見せれば意見を聞けますし、複数の服で迷ったときも、写真を並べてみれば簡単に比較できますよ。


ちなみに「似合う？　似合わない？」は気にしないこと。

というのも、その質問に対する答えは永遠に出ないからです。

芸能人がガラッと髪型を変えたとき、「似合う！」と言う人もいれば「全然似合わない」と言う人もいますよね。見る人それぞれが、相手に対して持っているイメージがあったり、自分の好みを投影していたりするからです。つまり、見る人の主観です。


そして「②サイズは合っているか」も、決しておろそかにできないポイントです。

まず普通に鏡の前に立ってみて、正面と後ろ姿をチェックしましょう。トップスが背中のお肉を拾っていたり、スカートやパンツに横ジワが入っていたりするのは、サイズが合っていない証拠。問題なさそうであれば、腕を上げたり座ったりしてみて、ちゃんと動けるかどうかも確認しましょう。

また、明確に大きすぎる、小さすぎるというわけではなくとも、試着した時点で「なんだか気になるな」と違和感を覚えたら、買わないことをおすすめします。その漠然とした違和感は、買った後もずっとつきまとうことが多いからです。

そういうときは無理に買わずにほかを探すか、「ここが気になるんですけど、サイズを直せますか？」と販売員さんに相談してみましょう。誠実な販売員さんなら、適切な直し方や料金などを教えてくれるはずです。

このように、①と②をクリアしていれば、あとはあなた自身の気持ちだけです。

「私がこんなゴージャスなネックレスつけていいの？」

「私がこんな明るいピンクを着るなんて大丈夫？」

など、今までの自分には面映ゆい気恥ずかしいようなアイテムでも、身につけて明らかに気分が上がるようならＯＫ。自信を持って、あなたのワードローブに迎え入れてください。

服の賢い手放し方

最後に、服の買い方に加えて「手放し方」についてもお伝えしたいと思います。「手放してもいい」と判断できた服は、「売る服」と「捨てる服」に分けましょう。

●**売る服**……状態がよい服、ブランド服
●**捨てる服**……傷み具合がひどい服、元値が安い服

売れる可能性がある服は、リサイクルショップに持ち込むか、フリマサービスに出品するのがおすすめです。ただし、シーズンオフだと買い取り価格が安くなってしまうことがあるのでシーズンの少し前に出しましょう。

ハイブランドの服や小物は、専門業者のほうが高く買ってもらえる可能性があります。ＷＥＢで簡単に査定してくれる業者も多いので、まずは何社か比較してみると損

なく手放せるはずです。

一方、ひどく傷んでいる服は誰も引き取れませんし、ファストブランドや福袋の服は売ってもほぼ値段がつかないので、捨ててしまってもよいでしょう。

それでも「処分するのはもったいない」という人には、服のリサイクル・リユースサービスを利用することをおすすめします。

ユニクロには自社商品（ユニクロ、GU、プラステ）の回収ボックスがあるほか、ZARAでは自社商品に限らず衣類の寄付を受け付けています。

ワールドでも、対象の衣類を持ち込むとオフチケットと交換してもらえるイベント「エコロモ」を年2回開催しているので、チェックしてみるとよいでしょう。

利用する場合は、各社が定めているルールを事前によく確認してくださいね。

Day6

まとめ

サブスクやフリマを賢く利用しよう

……新品にこだわらないことは、新しい時代のファッションとのつき合い方

ECサイトを使いこなそう

……手持ちのアイテムと組み合わせて試着すれば、失敗買いは限りなくゼロに

試着では「なりたい自分になれているか」「サイズが合っているか」をチェック

……最終的には、着たときの自分のテンションを信じよう

Epilogue ――あとがきに代えて

「センス以上に大切なことがある」

「おしゃれもセンスもいらない」

「おしゃれになりたいという気持ちは捨てなさい」

これまで何冊もの本や講座等で言い続けてきた私が、今なぜ『センスがいい人だけが知っていること』という本を書こうと思ったのか。

それは、女性はいくつになっても「おしゃれ」でいたいし、「センスよくなりたい」という気持ちがあるから、です。

その気持ちはとても自然で素直なことだと思うのです。ただ、忘れてほしくないのは、単に「おしゃれに見られたい」「センスのいい人と思われたい」という気持ちでは、いつまで経っても「自分らしいスタイル」は手に入らない、ということです。

「見られたい」ではなく、「なりたい」「在りたい」という気持ちでいてください。服は主役ではありません。人生の主役はいつだって、あなた自身です。

お客様に同行してスタイリングするとき、私が必ずする質問があります。

「この服を着た瞬間、スイッチが入りますか？」

「『これを探してた』って腑に落ちますか？」

その答えが、決め手です。「似合うか似合わないか」ではなく、「これが私だ」と心から思える感覚。それがなかったら、ビジョンマップも魂の入っていない未来像のまま。どんなに高価な素晴らしい服を着ても楽しくないし、自信も湧いてきませんよね。

今回の6回にわたるスタイリング講座でいちばんお伝えしたかったのは、

「好きな服を着ていいんだ」

「いちばん着たい服は、私にいちばん合う形だったんだ」

「私がどうなりたかったがハッキリした」

と、自信を持って生きるために、「ファッションの力」を使ってほしいということ。

本書を読んでくださったあなたの未来が、二度と服に迷うことのない自信に満ちた素敵な人生でありますように。心から応援しています。

2023年10月吉日　　しぎはらひろ子

しぎはらひろ子厳選! 検索キーワード一覧表

ファッション用語がわからない人もこの方法なら欲しい商品に出合えます!　画像検索で出てくる服の名前を知ることで商品探しのスピードがグンと早くなりますよ。

ファッション全体の傾向が知りたい/商品の名前を知りたいとき

冬　ファッション　2023　［検索］

【検索の手順】

❶「検索したい季節」「検索したい年号」「ファッション」を入れ、画像検索をクリックしましょう。

❷トレンドをまとめている特集ページの中で気になるものをチェックしてください。

POINT

● 毎シーズン新しいトレンドアイテムが出るので、最初に上記のような言葉で検索すると、その年の傾向やトレンドのアイテム名を知ることができます。

● 画像をクリックすると商品の呼び名(アイテム名)やコーディネートの解説を見られます。ブランドのECサイトでそのシーズンのおすすめコーディネート特集を見ることもできます。

使用シーンが決まっている服(アイテム)を探したいとき

同窓会　ホテル　3月　エレガント　ワンピース　［検索］

【検索の手順】

❶使用目的・シーン・場所・季節・テイストを入れて、画像検索をしましょう。

＊シーン・目的:何をするときに着るのか
＊場所:具体的な着用場所はどこか
＊季節:春・夏・秋・冬、1月・2月、など、いつ着るのか
＊テイスト:どんな印象にしたいのか、エレガント・カジュアル・上品・さわやかなど

❷画像の中から「いいな」と思うアイテムをクリック。商品の詳しい名前や価格などがわかります。

POINT

● 購入前に商品説明とサイズ、カラー、素材、付属品を注意深く確認してください。

欲しい服（アイテム）を比較検討したいとき

カーディガン　黒　丸襟　ふわふわ　［検索］

【検索の手順】

❶アイテム・色・形の特徴・素材を入れて、検索しましょう。

- ＊**アイテム**：服の名前（ロングスカートなど）
- ＊**色**：色の名前（華やかなピンク、ネイビーなど）
- ＊**形の特徴**：丸襟、膝下丈、ストレートパンツ、ウエストゴムなど
- ＊**素材**：コットン、ウール、麻、ニット、もこもこ、ふんわり、つやつやなど

POINT

- ●素材の名前がわからないときは手触りを表現する言葉を入れると、欲しいアイテムに近い検索結果が出てきます。
- ●形容詞が具体的かつ多いほど、欲しいアイテムに近づけます。下記の一覧表も参考にしてください。
- ●価格帯については欲しい商品を扱っているサイト内の検索枠で具体的な数字を入れましょう。

検索キーワード 一覧表

●シーン・季節
オフィスカジュアル
カジュアルウェア
スポーツウェア
ビジネスウェア
フォーマルウェア
パーティーウェア
スマートカジュアル（ドレスコード）
スマートエレガント（ドレスコード）
春のファッション
夏のビーチウェア
秋のコート
冬のアウターウェア
ワンマイルウェア

●テイスト・印象
カジュアル
フォーマル
ボヘミアン
ストリートウェア
ヴィンテージ
モダン
クラシック
ミニマリスト
エレガント
フェミニン

●アイテム

トップス
Tシャツ
ブラウス
シャツ
セーター
ジャケット
ボレロ
フーディ
カーディガン
タンクトップ

ボトムス
ジーンズ
パンツ
スカート
ショーツ
レギンス
クロップドパンツ
ワイドレッグパンツ

スーツセット
ジャケット
パンツ
スカート
スーツセット

ドレス・ワンピース
ワンピース
カクテルドレス
イブニングドレス
パーティードレス
マキシドレス

ジャケット
テーラードジャケット
ノーカラージャケット
ライダースジャケット
ミリタリージャケット
デニムジャケット

コート
ブルゾン
ジャンパー
トレンチコート
ダッフルコート
Pコート
チェスターコート
ステンカラーコート
中綿コート
ノーカラーコート
フーデットコート
ポンチョ

靴（シューズ）
スニーカー
ヒールシューズ
ブーツ
サンダル
フラットシューズ
ローファー
エスパドリーユ

アクセサリー
ネックレス
ブレスレット
イヤリング
ピアス
リング
財布

●素材表現
もこもこ
ふわふわ
すべすべ
ザックリ
ふんわり
ゆったり
厚手
薄手
硬め

●フィット感
大きめ
小さめ
長め
短め
ぴったり
ビッグ
タイト

●ディテール表現
ボウタイ
ギャザー
プリーツ
ドルマン袖
直線
曲線

●目的など
テニスウェア
ゴルフウェア
リゾートウェア
ホームウェア
スイミングウェア
ヨガウェア
トレッキングウェア
ワークウェア
キャンプウェア
ランニングウェア

しぎはらひろ子厳選!
ECサイト

サイトでお買物の前に
3つのチェックポイントを確認しましょう。
※2023年10月現在の情報です。

1. 返品(通常価格・バーゲン商品)の可否と条件

- 返品(バーゲン品も含む)OKの場合、商品到着から何日以内か?
- 返品の送料負担は誰がするのか?

2. サイト運営会社は信用できるか

- 商品トラブルにきちんと対応できるか?
- 顧客レビューは信用できるのか?
- 商品が届かないなどトラブルの口コミはないか?

(海外サイトはきちんと確認しましょう!)

3. 商品説明やサイズ・素材表記があるか

- 特に素材は画面だけではわかりにくいので「コットン95%、ポリエステル5%」などの表記を確認しましょう。
- メーカーによって「S.M.L」サイズは違います。必ず「仕上がり寸法」をチェックして、大きさの確認をしてください。自分にちょうど良い大きさの服を平らな場所に広げて「胸周り・着丈・腕の長さ」を測って仕上がり寸法と比べ、目安にしましょう。

POINT

- ファッション関連のサイトには「サイズガイド」があるので必ずチェックしておきましょう!

普段着・生活着はここで購入!

- **ユニクロ**……素材・作りも良いベーシックな商品が豊富
- **無印良品**……素材が良く、価格の割に質が高い
- **ベルメゾンネット**……顧客の声を反映したオリジナル商品をはじめ、高機能で低価格の生活に密着した商品が多い
- **ディノス**……年代や目的別に豊富な品揃えで、インポート商品が多い

バーゲン品も返品しやすくお買物におすすめ!

ZOZO TOWN	圧倒的品揃えで価格帯の幅も広い。バーゲン品も返品ができる。 **★裏技**…人気アパレルメーカーのアウトレットが見つけられる(EPOCA・ANAYI・TOMORROWLAND・ESTNATIONなど)。 人気ブランドのバーゲン品購入がお得(※買った服を買い取るサービス、中古品販売もあり)。
マルイウェブチャネル	バーゲン・アウトレット品もほぼすべて返品ができる。 マルイのオリジナルブランドシューズはサイズが豊富!
ロコンド	「自宅で試着、気軽に返品」が特徴。靴を一度に頼めるうえ、返品やサイズ交換が返品送料を含め無料。自宅で試し履きができるシステムが便利。
ZARA	トレンド商品が豊富でバーゲン品も返品可能。返品までの期間が発送日から30日以内と長いので手持ちの服や購入予定の服とのコーデが試しやすい。

ファッションリサーチに使える!

トレンドを知る・欲しいアイテムを探す・コーデを参考にするときに

アイルミネ	今年のトレンド傾向や人気ブランドの商品動向がわかる。リサーチに使うことが多い。 ※注意:バーゲン品は返品できない。
ワールド	ファッション誌のような特集が多く、仕事やセレモニーなど目的別にコーデ見本を見つけやすい。
ベイクルーズ	コーデ見本を見つけやすい。 ファッション誌代わりになる。毎月の特集も細やか。
ウサギオンライン	若い女性向けの商品が多いが、トレンドがよくわかる。 トレンドやモードを楽しみたいときにおすすめ。費用対効果が高いセンスの良い洋服が豊富。

Special Present

しぎはらひろ子があなたの体型に合う
服、靴、バッグ、小物を厳選。
素敵なカプセルコーデ表をプレゼント

上記のHPにアクセスの上、手順に沿ってお手続きいただくと、体型別のカプセルコーデ表がダウンロードできます。

しぎはらひろ子公式HP
Newsやトピック
認定講座のご案内

しぎはらひろ子Instagram
ファッション情報

しぎはらひろ子LINE
無料セミナー・
認定講座のご案内

著者紹介

しぎはらひろ子　ファッション・プロデューサー。服飾専門家。(一社)日本パーソナルスタイリング振興協会代表理事。松下通信工業の研究開発職の後、デザイナー、アパレル企業コンサルティングファームを経て、ミストグレイ・ファッションプランニングを設立。シューズブランド「JELLY BEANS」の立ち上げ、企業のブランド戦略や商品企画に携わりながら、「存在感を際立たせるスタイリング」も行う服飾戦略・服育の第一人者。本書では、今まで多くのファッションのプロを育ててきたそのノウハウを、一般の人向けに惜しみなく公開。6回講座で誰もが「センス」を身につけられること間違いない。そんな一冊に仕上げた。

「センスがいい人《ひと》」だけが知《し》っていること

2023年10月29日　第1刷

著　　者　しぎはらひろ子《こ》

発行者　小澤源太郎

責任編集　株式会社 プライム涌光
電話　編集部　03(3203)2850

発行所　株式会社 青春出版社
東京都新宿区若松町12番1号 〒162-0056
振替番号　00190-7-98602
電話　営業部　03(3207)1916

印刷　三松堂　　製本　フォーネット社

万一、落丁、乱丁がありました節は、お取りかえします。

ISBN978-4-413-23326-2 C0077